5e

NATIONAL
GEOGRAPHIC

ANGRY BIRDS™

FURIEUSEMENT SAVANTS !

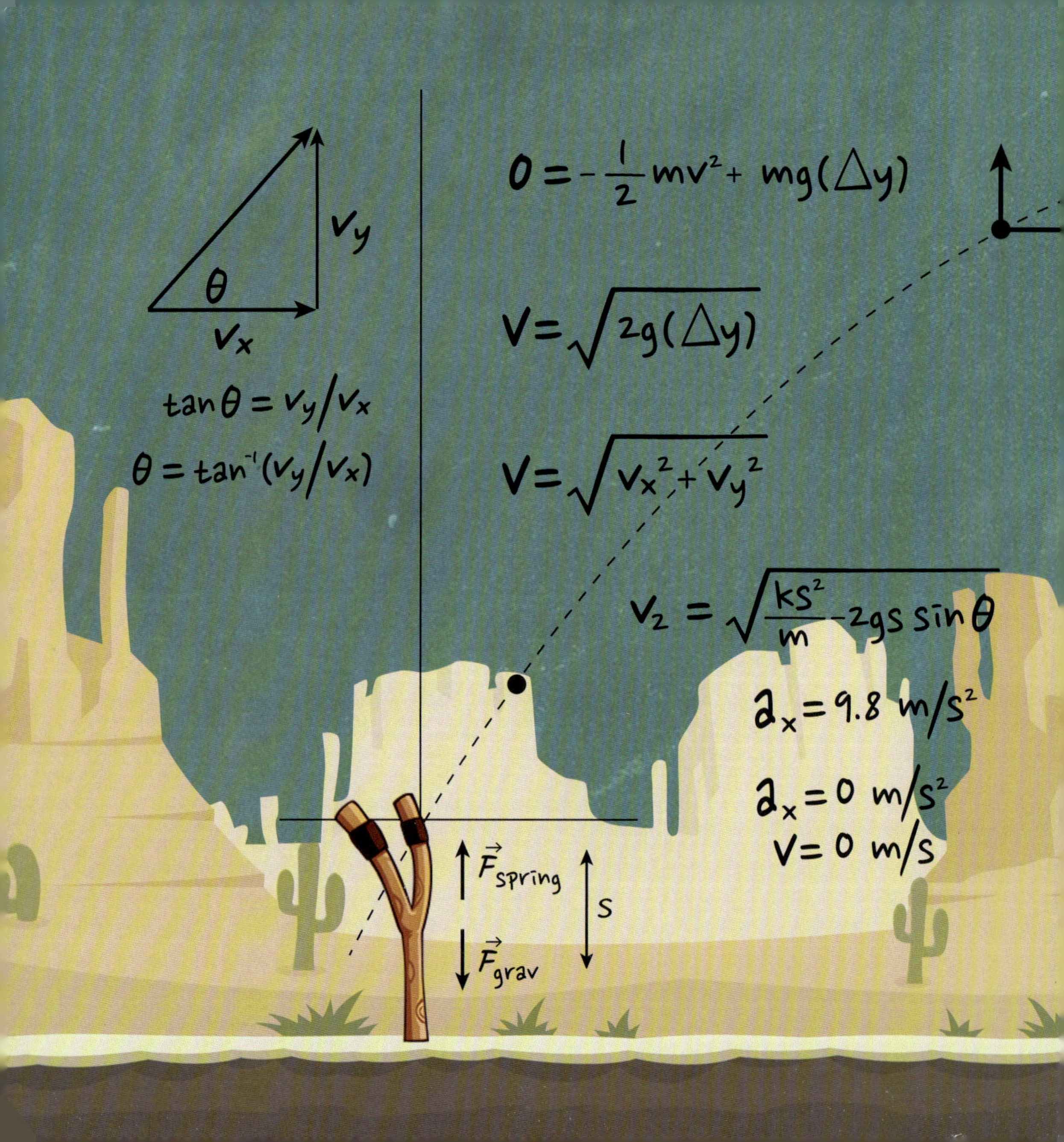

v_y
θ
v_x
$\tan\theta = v_y/v_x$
$\theta = \tan^{-1}(v_y/v_x)$
$0 = -\frac{1}{2}mv^2 + mg(\Delta y)$
$v = \sqrt{2g(\Delta y)}$
$v = \sqrt{v_x^2 + v_y^2}$
$v_2 = \sqrt{\frac{ks^2}{m} - 2gs\sin\theta}$
$a_x = 9.8\ m/s^2$
$a_x = 0\ m/s^2$
$v = 0\ m/s$
$\vec{F}_{spring}$
$\vec{F}_{grav}$
s

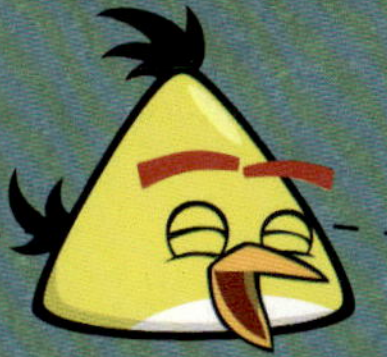

NATIONAL GEOGRAPHIC
jeunesse

ANGRY BIRDS™

FURIEUSEMENT SAVANTS !

La physique est un jeu

RHETT ALLAIN ★ PRÉFACE DE PETER VESTERBACKA

Livre conçu par Jonathan Halling

Directrice éditoriale : Françoise Kerlo
Responsable d'édition : Valérie Langrognet
Chargées d'édition : Caroline Rondeau, Julie Drouet
Chef de fabrication : Jérôme Brotons

Adaptation française : Mativox (Éric Mathivet, Julie-Marie Poirrier, Alix Mermillon), Les Récréateurs (Cécile Castillo)

ISBN : 978-2-82290-046-1
Dépôt légal : mars 2014
Imprimé en Espagne par Cayfosa - Impresia Ibérica

La National Geographic Society est l'une des plus vastes organisations à vocation scientifique et éducative et à but non lucratif au monde. Fondée en 1888 pour le développement et la diffusion de la connaissance géographique, la National Geographic Society agit pour sensibiliser et inciter à prendre une part active dans la protection de la planète. Elle touche chaque mois plus de 400 millions de personnes dans le monde grâce à son magazine mensuel, *National Geographic*, et à d'autres revues, mais aussi par sa chaîne de télévision – National Geographic Channel –, des documentaires, de la musique, des émissions de radio, des films, des livres, des DVD, des cartes, des expositions, des événements, des médias interactifs et tous les produits dérivés. National Geographic a financé plus de 10 000 recherches scientifiques, projets de conservation et de protection, mais aussi des programmes pour combattre l'illettrisme.

Vous pouvez nous rendre visite sur : www.nationalgeographic.fr

Sommaire

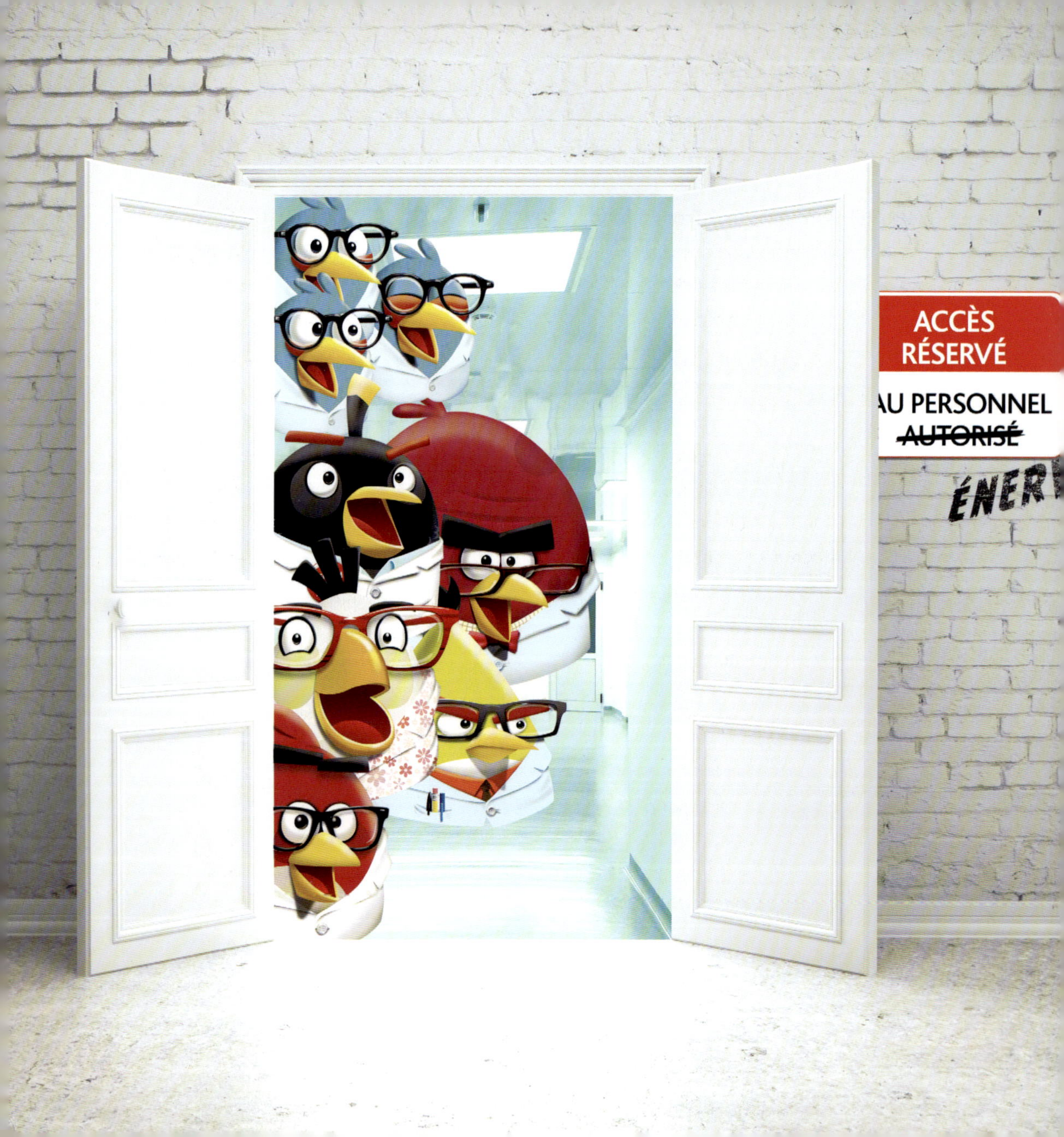
ACCÈS
RÉSERVÉ
AU PERSONNEL
~~AUTORISÉ~~
ÉNER

La physique des Angry Birds

Chaque fois qu'ils visent avec leur fronde pour projeter un oiseau, les utilisateurs du jeu *Angry Birds* sont confrontés aux principes de base de la physique. Selon quel angle un Angry Bird doit-il être lancé pour atteindre sa cible et détruire un maximum de cochons ? Comment la masse des oiseaux et leur accélération sont-elles prises en considération dans cette chasse obstinée ? Et la gravité, qui attire tout vers le sol, comment influence-t-elle la trajectoire d'un Angry Bird ?

National Geographic s'est mis en devoir de nous expliquer quels rapports il y a entre le jeu *Angry Birds* et la physique. Tous deux se focalisent sur la recherche d'un résultat optimal et sur l'approche d'une solution par essais et erreurs. Finalement, avec *Angry Birds* comme avec la physique, il s'agit d'attention, d'exploration et d'un brin de fantaisie : c'est aussi l'esprit de ce livre, fruit de la collaboration entre Rovio et National Geographic.

Faire de la physique peut être aussi amusant que jouer à *Angry Birds* !

Peter Vesterbacka
Mighty Eagle & Directeur Marketing
Rovio Entertainment Ltd.

NIVEAU 1 *LA MÉCANIQUE*

La mécanique est la branche de la physique qui étudie les forces et les mouvements.

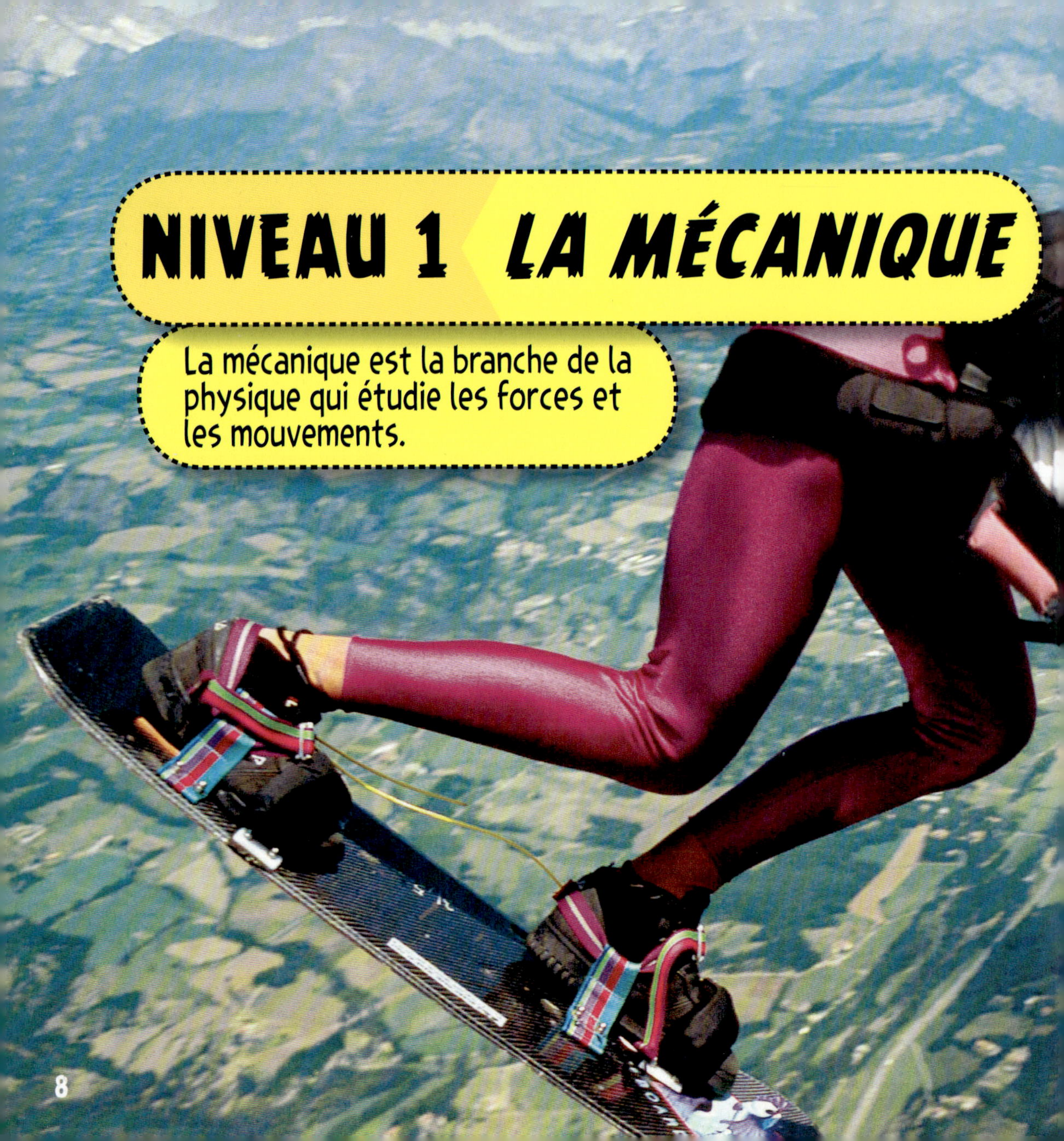

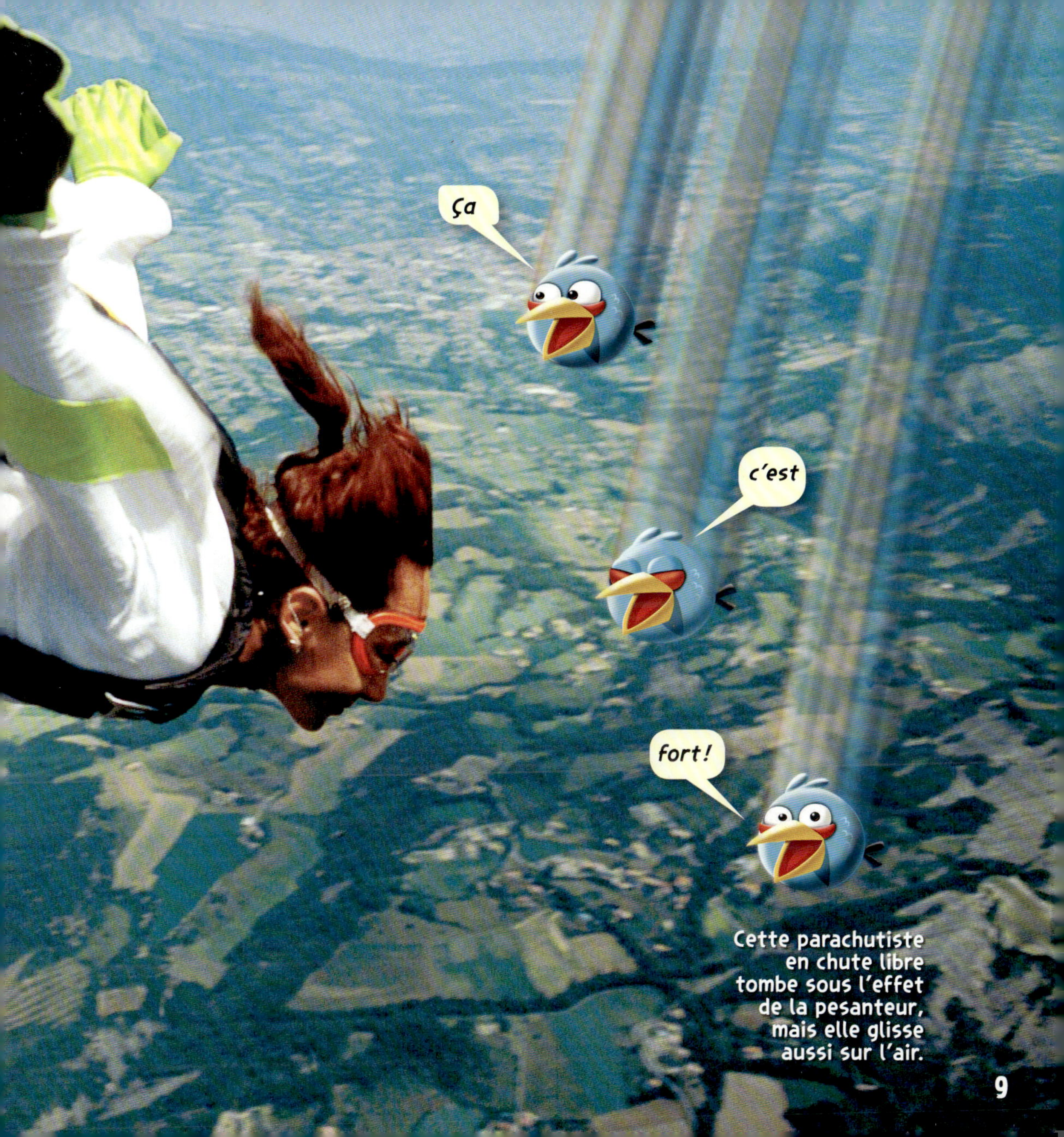

Cette parachutiste en chute libre tombe sous l'effet de la pesanteur, mais elle glisse aussi sur l'air.

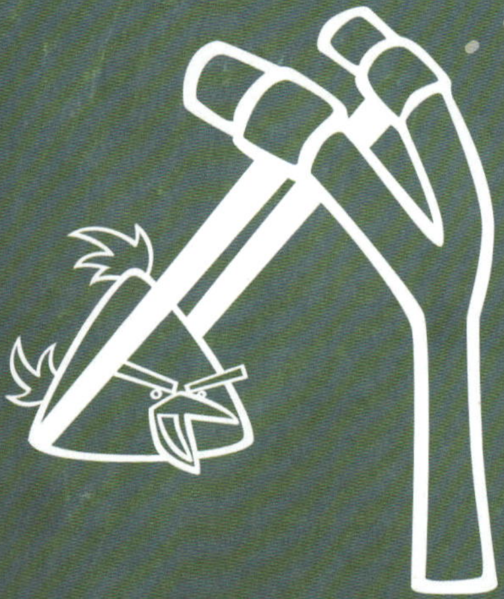

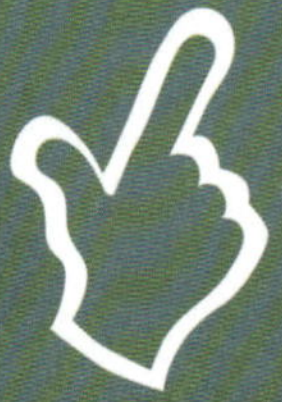

PHYSIQUE EN JEU

EN 350 AV. J.-C., ARISTOTE FUT L'UN DES PREMIERS SAVANTS À ÉTUDIER LE MOUVEMENT, MAIS IL AVAIT PRESQUE TOUT FAUX !

DÉCRIRE LE MOUVEMENT

Pour parler de la force qui fait bouger les objets, il faut pouvoir décrire leur mouvement. Comment ? En dessinant par exemple le chemin – ou la trajectoire – de chaque objet. Bien sûr, vous avez déjà vu des trajectoires : lorsque vous lancez un Angry Bird contre un cochon, le trajet de l'oiseau est bien visible.

Pourtant, bien que la trajectoire soit utile pour comprendre le mouvement, elle n'indique rien sur la vitesse de l'objet. Afin de bien décrire le mouvement d'un objet, on utilise souvent une expression mathématique, que l'on appelle tout simplement « l'équation du mouvement ».

FORCE ET INTERACTIONS

La physique étudie les mouvements, mais elle s'intéresse aussi aux « interactions », c'est-à-dire à ce qui arrive chaque fois que deux objets exercent une action l'un sur l'autre. Pensez à un Angry Bird percutant un rocher : le choc déforme ou détruit l'oiseau, mais le rocher lui aussi est abîmé. Tous les deux ont changé sous l'effet d'une interaction dans laquelle des forces se sont exercées. Pour bien comprendre les interactions, il faut donc tenir compte des forces. Quand on a un livre en main, on ressent son poids, sous la forme d'une pression vers le bas. C'est un exemple de force. Lorsqu'une fronde éjecte un Angry Bird, il s'agit là aussi d'une force en action. Pour mesurer les forces, l'unité utilisée par les physiciens est le « newton ». Un gros livre de 1 kilogramme exerce une force d'environ 10 newtons. Observons maintenant les effets des forces sur les objets.

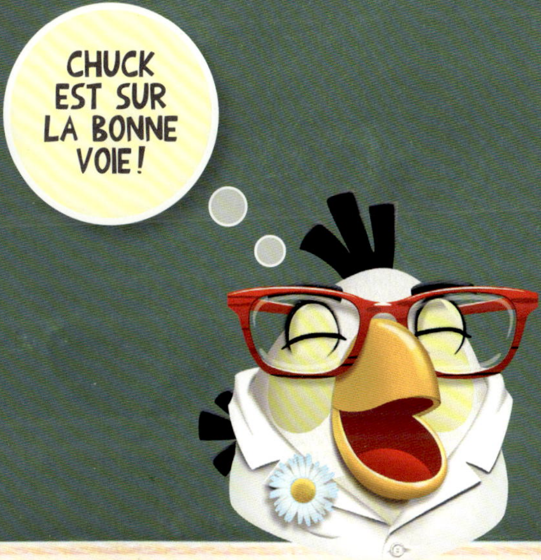

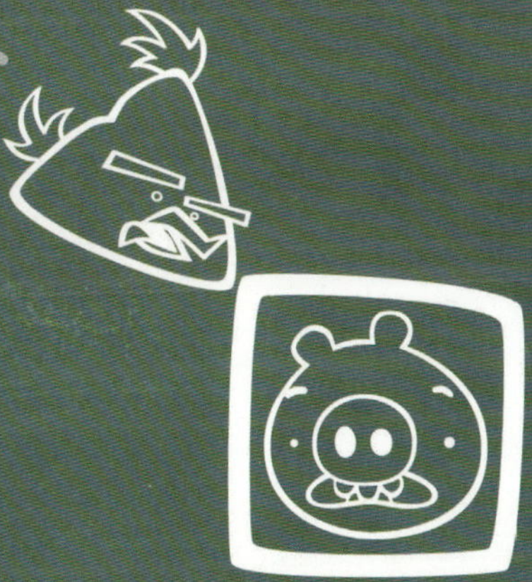

QUAND LES SAVANTS ÉTUDIAIENT LA FORCE

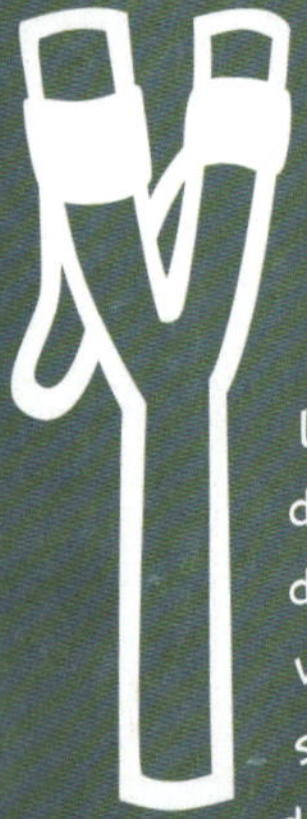

Que se passe-t-il lorsque la même force agit sur un objet de façon continue ? On ignore qui a posé cette question en premier, mais cela remonte à l'Antiquité ! La réponse fournie par le grand philosophe grec Aristote, qui avait beaucoup d'idées, est considérée comme la plus ancienne. Il affirmait qu'une force exercée de manière constante sur un objet transmettait à celui-ci un mouvement de vitesse constante. Cela semble logique, mais c'est faux ! Aristote, bien que très savant, n'était pas vraiment un scientifique : il ne vérifiait pas ses idées par des observations précises, ni par des expériences. Ce n'est qu'environ 2000 ans plus tard que Galilée et Newton comprirent que, sous l'effet d'une force constante, le mouvement évolue sans cesse. Pour que la vitesse reste la même, il faudrait qu'aucune force n'agisse.

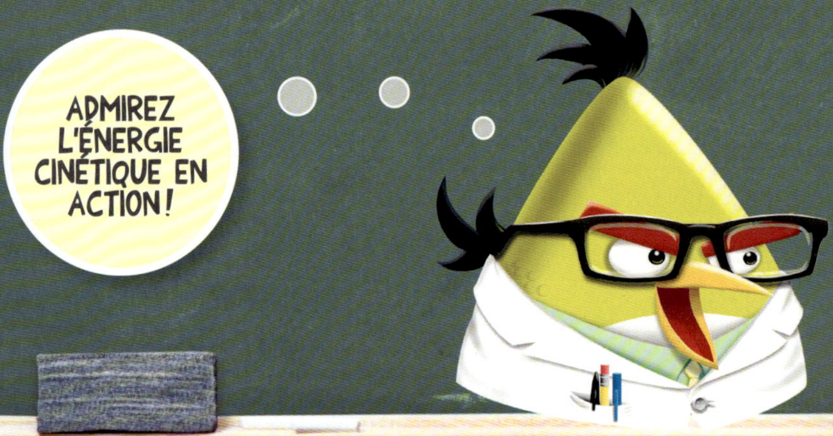

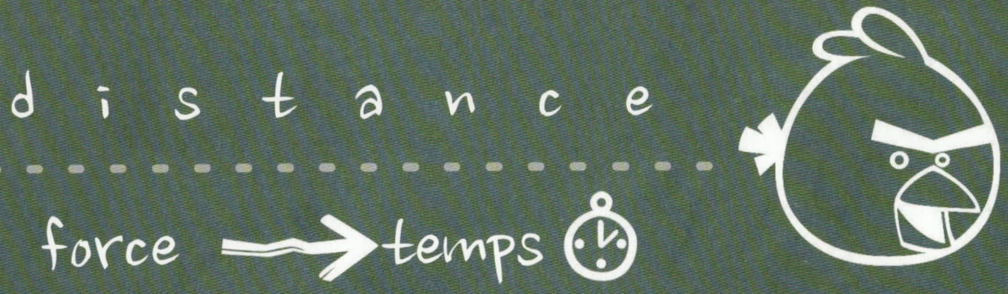

L'ÉNERGIE : POUR DÉCRIRE LES TIRS D'ANGRY BIRDS

Pour comprendre les interactions, nous n'avons pas que les forces à notre disposition. Il y a aussi l'énergie !

Bien que nous dépensions en permanence de l'énergie, cette grandeur physique reste difficile à définir. Des exemples concrets permettent pourtant de s'en faire une idée. Par exemple, plus un oiseau vole vite, plus il a d'énergie.

Un Angry Bird en mouvement a une énergie « cinétique ». D'où provient-elle ? Sans doute de l'énergie emmagasinée dans l'élastique de la fronde avec laquelle on a projeté l'oiseau furieux. Et que devient-elle ? À mesure que notre Angry Bird s'élève, il ralentit : cela signifie que son énergie cinétique diminue. Mais l'ensemble des énergies reste stable, car un autre type d'énergie augmente alors. Il s'agit de l'énergie qui varie quand les objets montent ou descendent, et que l'on appelle « énergie potentielle gravitationnelle ».

MOUVEMENT

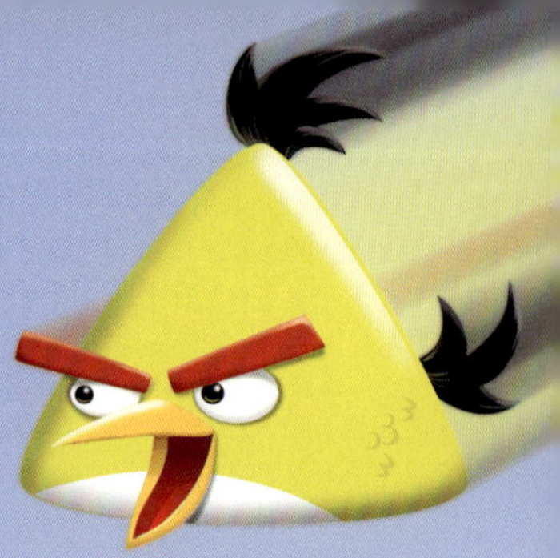

Vous voyez cette voiture : comment décririez-vous son mouvement ? « Très rapide ! » Oui, c'est une façon de le décrire, mais ce n'est pas suffisant. Les voitures peuvent se déplacer n'importe où et dans différentes directions ; il faut donc décrire leur mouvement avec plus de détails.

QUE SONT LA POSITION, LA VITESSE ET L'ACCÉLÉRATION ?

Pour décrire le mouvement de la voiture, il faut d'abord connaître sa position, qui correspond à la distance à laquelle elle se trouve par rapport à un repère, par exemple la ligne de départ d'une course. Ensuite, on mesure la distance que la voiture parcourt à partir de cette position, jusqu'à une autre position.

On s'intéresse donc à la distance parcourue, mais aussi au temps mis à la parcourir. En divisant la distance par le temps, on obtient la vitesse de la voiture, qui permet de savoir si elle va vite ou lentement. La vitesse nous informe sur le changement de position de la voiture en fonction du temps. L'accélération, elle, indique comment change la vitesse.

TRÈS PHYSIQUE

ON MESURE LA DISTANCE EN MÈTRES OU KILOMÈTRES, ET AUTREFOIS EN "PIEDS" ET EN "LIEUES".

LA VITESSE SE CALCULE EN MÈTRES PAR SECONDE OU EN KILOMÈTRES PAR HEURE.

L'ACCÉLÉRATION EST EN MÈTRES PAR SECONDE PAR SECONDE (ON DIT "MÈTRES PAR SECONDE CARRÉE").

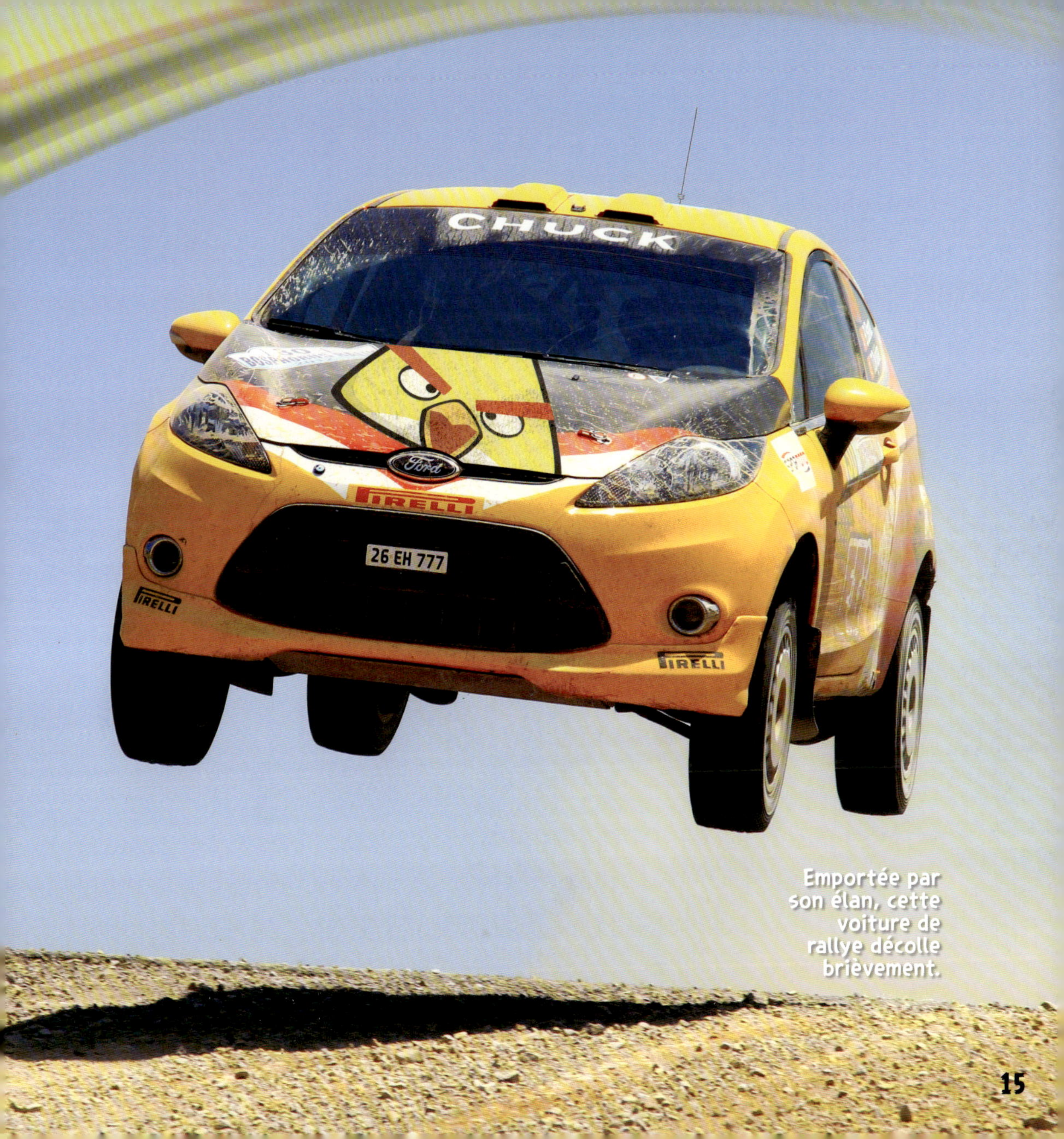

Emportée par son élan, cette voiture de rallye décolle brièvement.

FORCES & MOUVEMENT

Que se passe-t-il lorsque vous lancez une balle? Avant que vous la saisissiez, la balle était au repos : sa vitesse était nulle. Mais, en la lançant, vous lui appliquez une force, qui fait évoluer sa vitesse de zéro à une valeur pouvant dépasser 100 km/h (si vous êtes un bon lanceur!).

QUEL EST L'EFFET D'UNE FORCE SUR UN OBJET ?

Après que la balle a quitté votre main, vous n'exercez plus de force sur elle. Si aucune force contraire n'intervient – une autre main qui l'attrape par exemple – sa vitesse ne devrait théoriquement pas changer. En réalité, il y a d'autres forces, comme la résistance de l'air et le poids de la balle, qui la ralentissent et finissent par la faire retomber. Mais juste après que le lanceur l'a lâchée, ces forces ont peu d'effet.

Quand la balle parvient entre les mains de quelqu'un, elle subit une force dirigée dans le sens opposé au sien. Cela provoque une baisse instantanée de sa vitesse, qui redevient nulle. Ainsi, les forces peuvent accélérer ou ralentir le mouvement d'un objet. Dans les deux cas, elles modifient sa vitesse.

PHYSIQUE EN JEU

PLACEZ UNE BALLE SUR UNE SURFACE LISSE ET POUSSEZ-LA : ELLE ROULE À UNE CERTAINE VITESSE. POUSSEZ-LA ENCORE, DANS LA MÊME DIRECTION, ET ELLE ACCÉLÈRE. POUSSEZ-LA ENSUITE DANS LA DIRECTION OPPOSÉE ET ELLE RALENTIT.

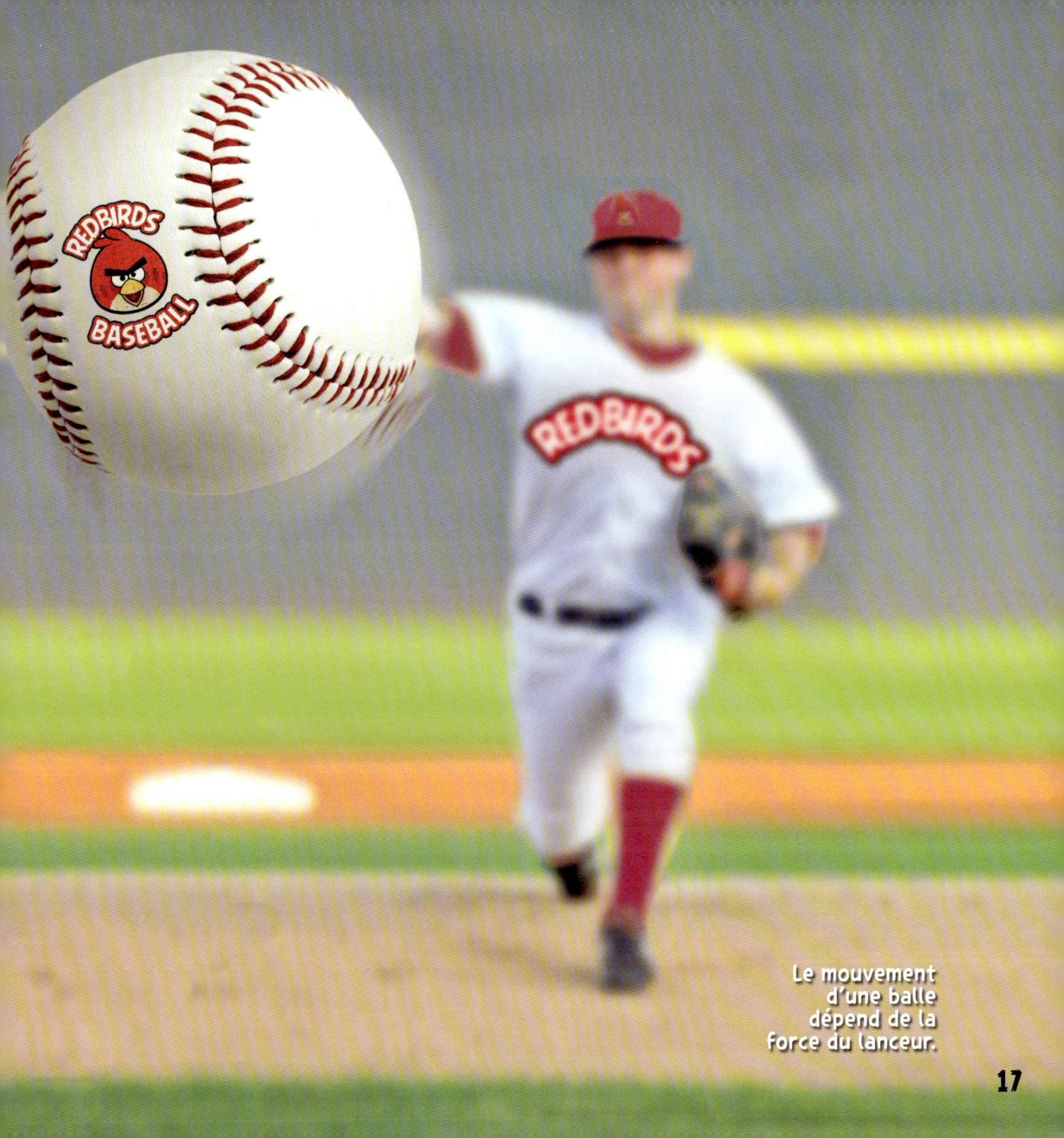

Le mouvement d'une balle dépend de la force du lanceur.

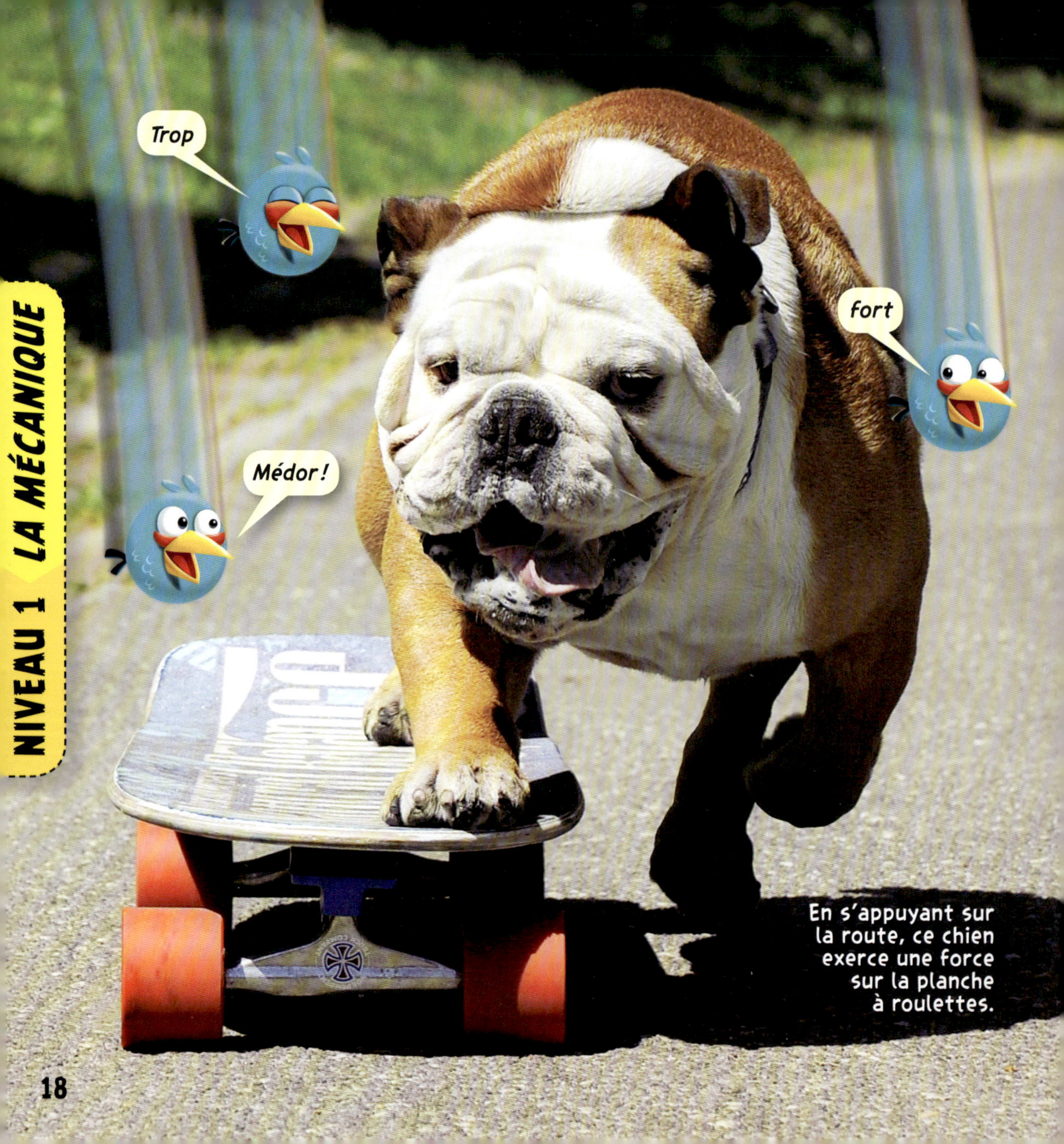

En s'appuyant sur la route, ce chien exerce une force sur la planche à roulettes.

FORCES CONSTANTES

Les chiens devraient faire du skate-board ! En effet, les roulettes diminuent les frottements qui ralentissent les mouvements. Lorsqu'un chien parvient à se tenir sur une planche à roulettes, une simple poussée le fait avancer sans effort. Et s'il apprenait à pousser ? On sait déjà que la force qu'il exercerait ainsi changerait la vitesse de la planche. Si cette force ne s'interrompait pas, si elle était constante, la vitesse, elle, changerait constamment : le chien sur sa planche continuerait simplement d'accélérer.

QUE SE PASSE-T-IL QUAND UNE FORCE CONSTANTE AUGMENTE ?

Si je n'arrête pas de pousser un objet et si je le pousse plus fort, la force que j'exerce de façon constante se trouvera augmentée. La vitesse de l'objet sera-t-elle plus grande ? Il faut se rappeler qu'une poussée constante, même faible, finit forcément par engendrer une grande vitesse. Une poussée plus vigoureuse provoquera simplement une accélération plus forte : la vitesse augmentera plus vite.

TRÈS PHYSIQUE

LA FORCE SE MESURE EN NEWTONS (OU N). UN OBJET PESANT 1 KG ÉQUIVAUT À UNE FORCE DE 10 N.

L'UNITÉ DE MESURE DE LA MASSE EST LE KILOGRAMME (KG).

ON MESURE LE POIDS EN KILOS MAIS C'EST UNE FORCE, QU'IL FAUDRAIT MESURER EN NEWTONS.

UNE FUSÉE SATURN V POUVAIT EXERCER UNE FORCE DE POUSSÉE DE PLUS DE 34 MILLIONS DE NEWTONS.

PESANTEUR

La pesanteur, ou gravité, est une force que nous subissons tous. Elle résulte d'une interaction entre tous les objets et qui dépend de leur masse. Cependant, la plupart ont une masse trop faible pour que la force qu'ils exercent puisse être remarquée. La Terre, elle, a une masse suffisante : elle est responsable de la pesanteur.

POURQUOI LA BALLE LANCÉE VERS LE HAUT RALENTIT-ELLE ?

Que se passe-t-il si vous tenez une tasse et si vous la lâchez ? Elle tombe bien sûr, sous l'effet de la pesanteur qui l'attire vers le bas. Cette force est constante, ce qui provoque une accélération : la tasse prend de la vitesse en tombant, jusqu'à ce qu'une autre force intervienne. Malheureusement, cette autre force va sans doute provenir du sol, qui repoussera la tasse et sur lequel elle se cassera.

Que se passe-t-il si vous jetez une balle en l'air ? La pesanteur l'attire vers le sol. Elle s'exerce donc dans une direction opposée au déplacement vers le haut. Cela signifie que la balle ralentit en s'élevant, jusqu'à s'arrêter. Après cela, elle va retomber en accélérant.

PHYSIQUE EN JEU

DÉMARREZ UN JEU *ANGRY BIRDS*, MAIS AU LIEU DE LANCER LES OISEAUX CONTRE LES COCHONS, ESSAYEZ AUTRE CHOSE. LANCEZ-LES VERS LE HAUT. LA PESANTEUR LES RALENTIRA, PUIS LES FERA TOMBER.

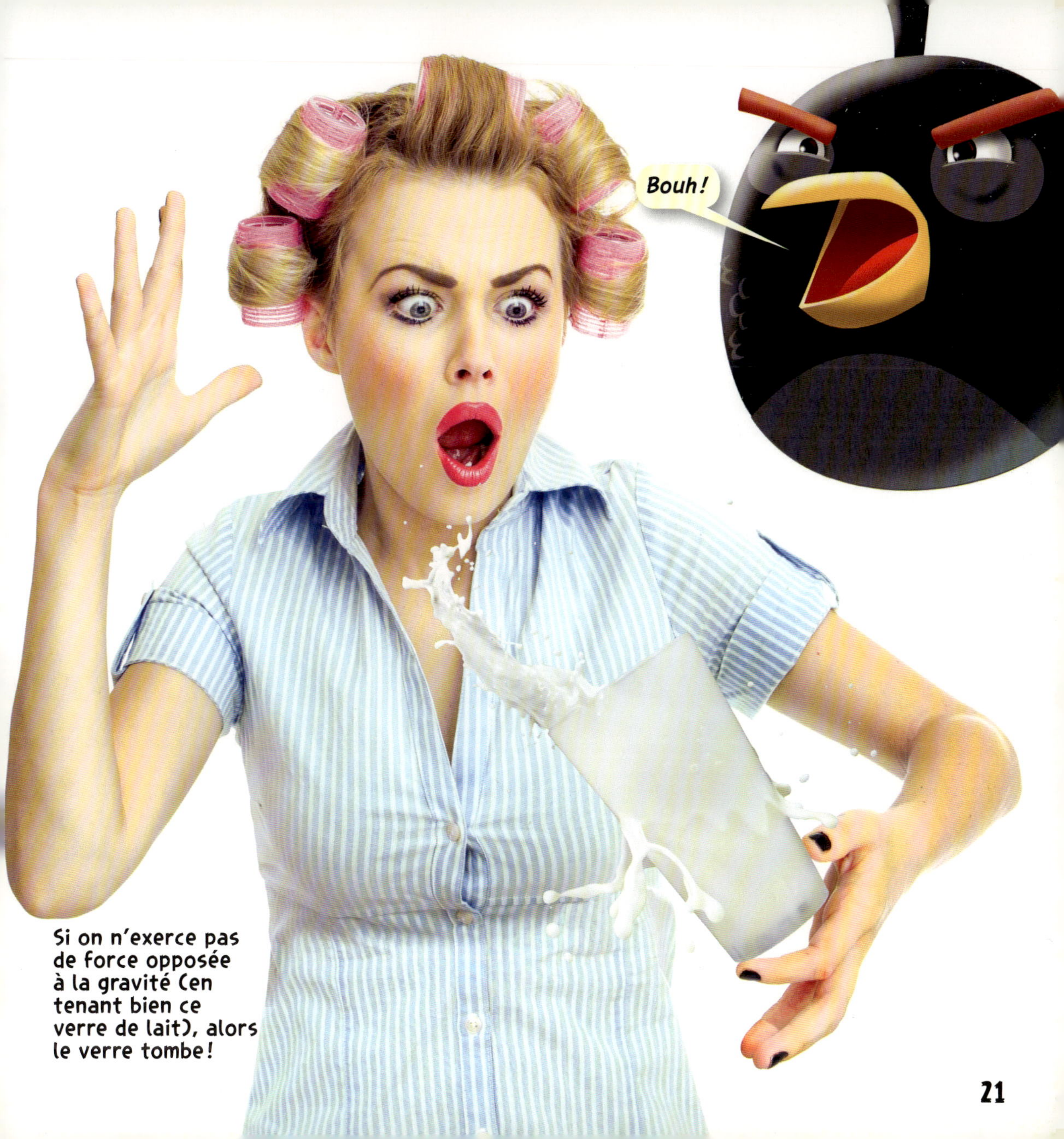

Si on n'exerce pas
de force opposée
à la gravité (en
tenant bien ce
verre de lait), alors
le verre tombe !

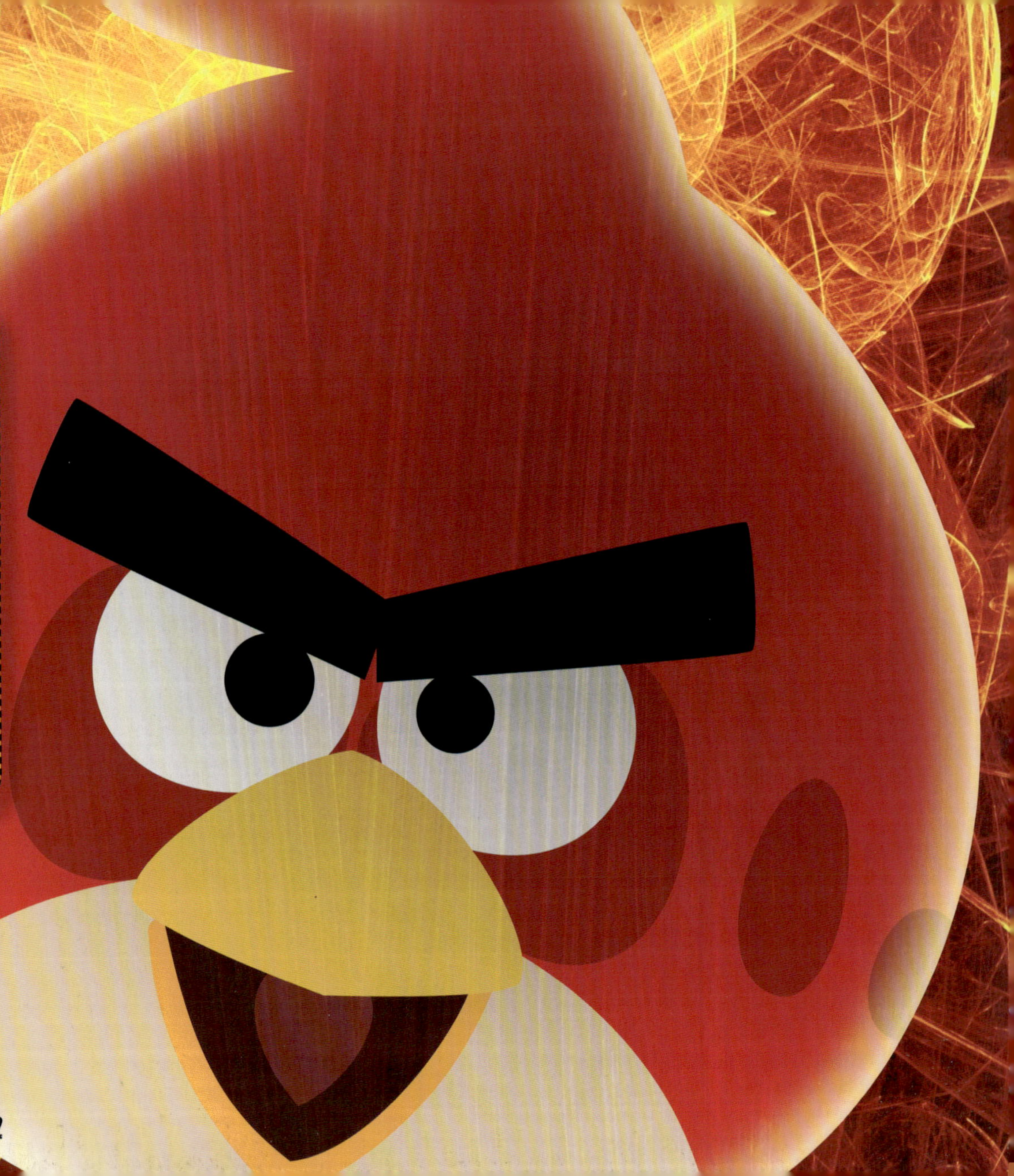

RED

UN OISEAU EN MISSION

La mécanique de Red n'est pas tout à fait celle des fusées, car c'est sa volonté de protéger les œufs qui le met dans la bonne direction. Veiller à leur sécurité n'est pas une petite responsabilité et cela fait même de lui le chef incontesté des Angry Birds. La vitesse est sa meilleure arme lorsqu'il s'en prend aux cochons voleurs d'œufs. Plus Red est furieux, plus il est motivé et courageux face à l'ennemi. Cet oiseau plein de fierté démontre que le meilleur des gardiens doit savoir se battre quand il le faut.

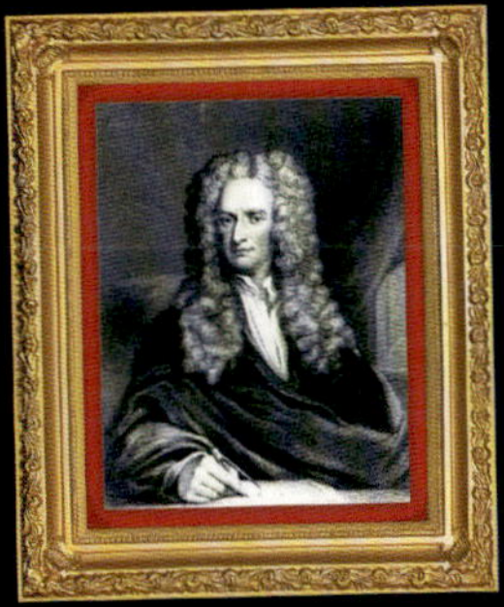

ISAAC NEWTON

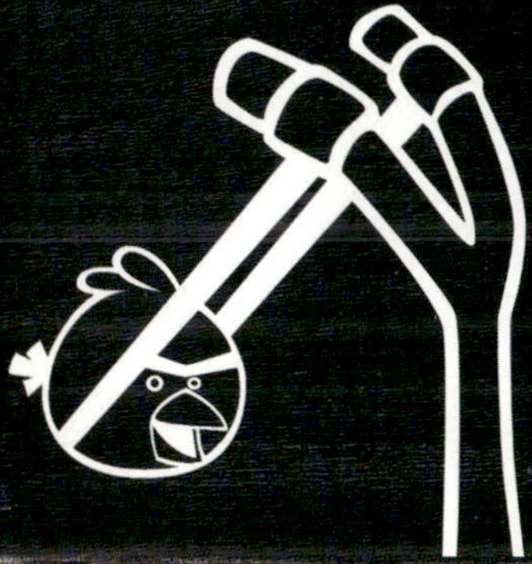

$$v = (x_2 - x_1)/t$$

NOM : RED

CE QUI LE FAIT BOUGER : SON FIDÈLE LANCE-PIERRES

STRATÉGIE FAVORITE : ALLER DROIT AU BUT

PHYSIQUE EN JEU : CONNAÎTRE LA VITESSE PERMET DE CALCULER LE TEMPS DE PARCOURS

VITESSE TERMINALE

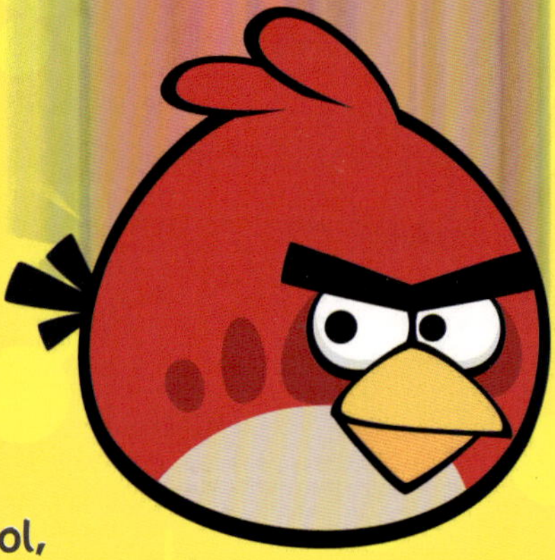

Sous l'effet de la pesanteur, les objets qui tombent accélèrent dans leur chute. Jusqu'à quelle vitesse? Si vous sautez d'un avion en vol, la force de pesanteur vous fera tomber de plus en plus vite. Mais la résistance de l'air sera de plus en plus forte.

QUAND LA VITESSE DES PARACHUTISTES N'AUGMENTE PLUS

On sent bien la résistance de l'air lorsque l'on passe la main par la fenêtre d'une voiture : plus celle-ci roule vite, plus la pression devient forte. C'est exactement ce qui se produit pour un parachutiste. Plus il tombe vite, plus la résistance de l'air augmente. Finalement, cette force opposée à sa chute va atteindre la même valeur que la force de pesanteur. L'action de ces deux forces égales et opposées revient au même que si aucune force n'agissait. Résultat : la vitesse de chute du parachutiste deviendra constante. On l'appelle « vitesse terminale » puisqu'elle n'augmente plus.

TRÈS PHYSIQUE

LA VITESSE TERMINALE ATTEINTE PAR UN PARACHUTISTE EN CHUTE LIBRE EST DE 194 KM/H.

UN PARACHUTISTE PEUT FAIRE VARIER SA VITESSE TERMINALE EN CHANGEANT DE POSITION, CE QUI MODIFIE SA SURFACE DE CONTACT AVEC L'AIR.

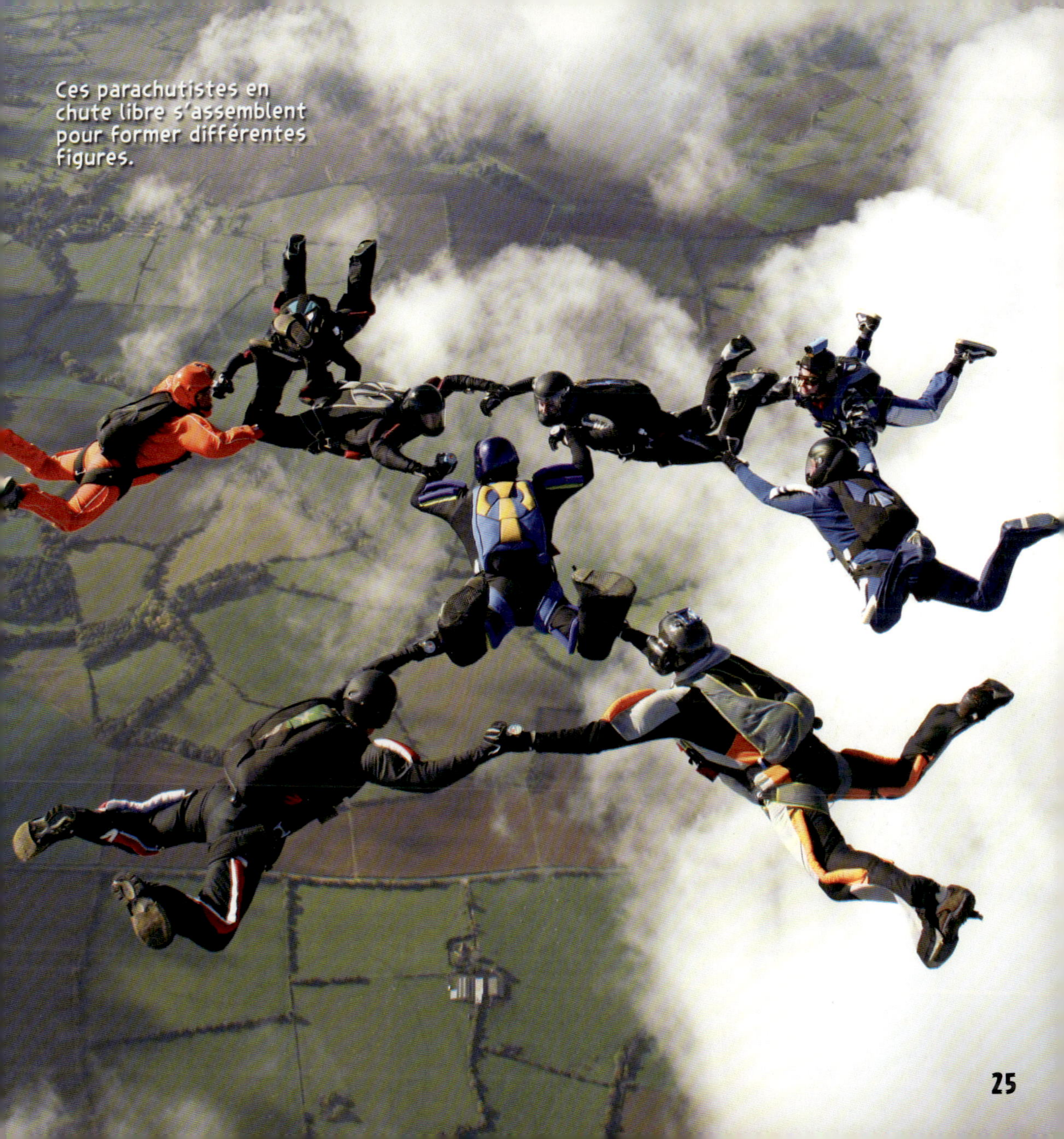

Ces parachutistes en chute libre s'assemblent pour former différentes figures.

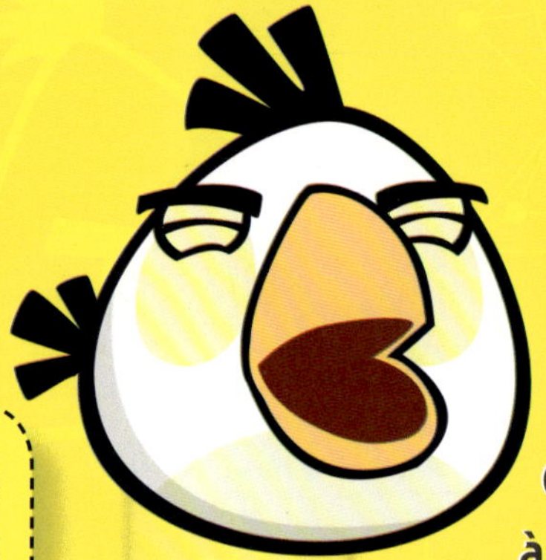

PROJECTILES EN MOUVEMENT

Quelques connaissances en physique peuvent aider à obtenir qu'une flèche atteigne sa cible. Il faut savoir qu'une fois qu'elle a été tirée, il n'y a pratiquement plus qu'une force qui agit sur elle, la pesanteur. Cette force attire les objets vers le sol, elle n'influence donc le mouvement que dans sa direction verticale.

COMMENT LANCER PLUS LOIN LES FLÈCHES ?

Une flèche lancée droit devant n'ira pas aussi loin que si elle est envoyée légèrement vers le haut. Dans le premier cas, elle n'a qu'une vitesse horizontale et sera plus rapidement orientée vers le bas, sous l'action de la pesanteur. Mais si elle a aussi une vitesse verticale, elle mettra plus de temps à descendre et ira plus loin. Il ne faut pas la tirer trop haut non plus, pour ne pas trop réduire sa vitesse horizontale.

PHYSIQUE EN JEU

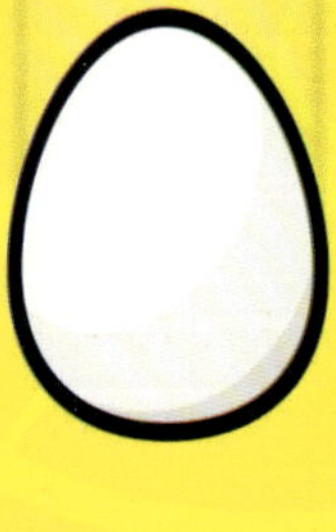

METTEZ CELA EN PRATIQUE AVEC VOTRE JEU *ANGRY BIRDS*. CHOISISSEZ UN NIVEAU ET LANCEZ L'OISEAU HORIZONTALEMENT. PUIS, LANCEZ-LE LÉGÈREMENT VERS LE HAUT, AVEC LA MÊME FORCE. VA-T-IL PLUS LOIN ?

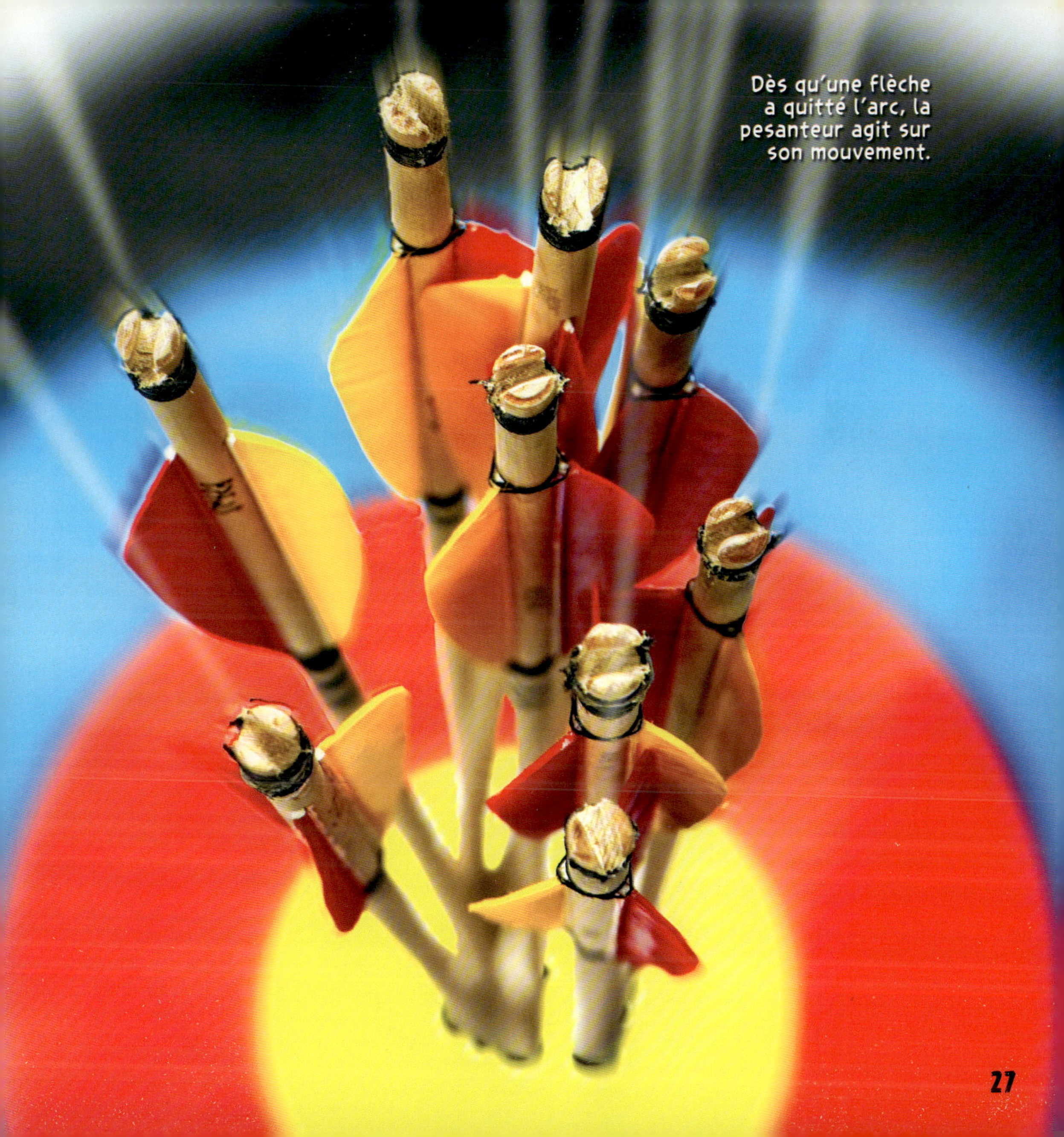

Dès qu'une flèche
a quitté l'arc, la
pesanteur agit sur
son mouvement.

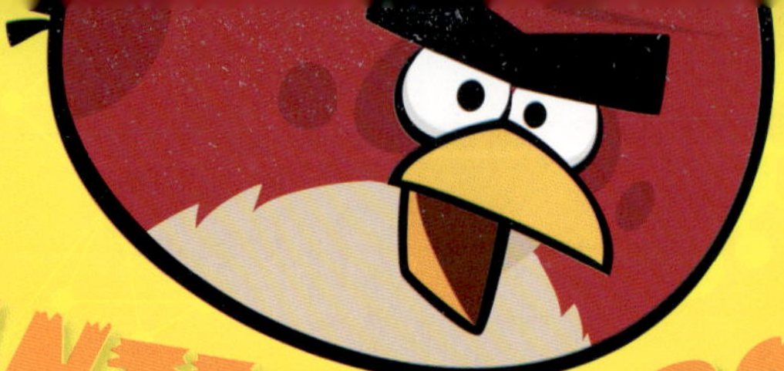

PESANTEUR ET POIDS

Prenons l'ascenseur pour un étage supérieur. L'ascenseur démarre et accélère pour parvenir à sa vitesse habituelle de déplacement. On ressent bien cette accélération, surtout si l'ascenseur est rapide. On se sent un peu plus lourd quand il accélère vers le haut et un peu plus léger quand il s'arrête ou qu'il accélère vers le bas.

POURQUOI SE SENT-ON PLUS LÉGER OU PLUS LOURD DANS L'ASCENSEUR ?

Devient-on vraiment plus léger ou plus lourd ? Bien sûr que non ! Notre poids est une force due à la pesanteur et qui dépend de notre masse et de celle de la Terre. Or, ni l'une ni l'autre ne changent dans l'ascenseur. Ce que nous ressentons comme un changement de poids est en réalité l'effet d'autres forces qui agissent sur nous. Au repos, le plancher de l'ascenseur exerce une force égale et opposée à notre poids. Quand l'ascenseur commence à monter, cette force devient plus importante que notre poids et c'est pour cela que l'on se sent plus lourd. L'inverse se produit à la descente. Le sol n'exerce plus une force équivalente à notre poids et on se sent plus léger.

TRÈS PHYSIQUE

LA PESANTEUR RÉSULTE D'UNE INTERACTION : LA GRAVITATION.

LA GRAVITATION EST LA PLUS FAIBLE DES QUATRE INTERACTIONS FONDAMENTALES DE L'UNIVERS.

NOTRE POIDS EST LA MESURE DE LA FORCE D'ATTRACTION ENTRE LA TERRE ET NOUS.

Que ressentirait-on sur un missile en pleine accélération ?

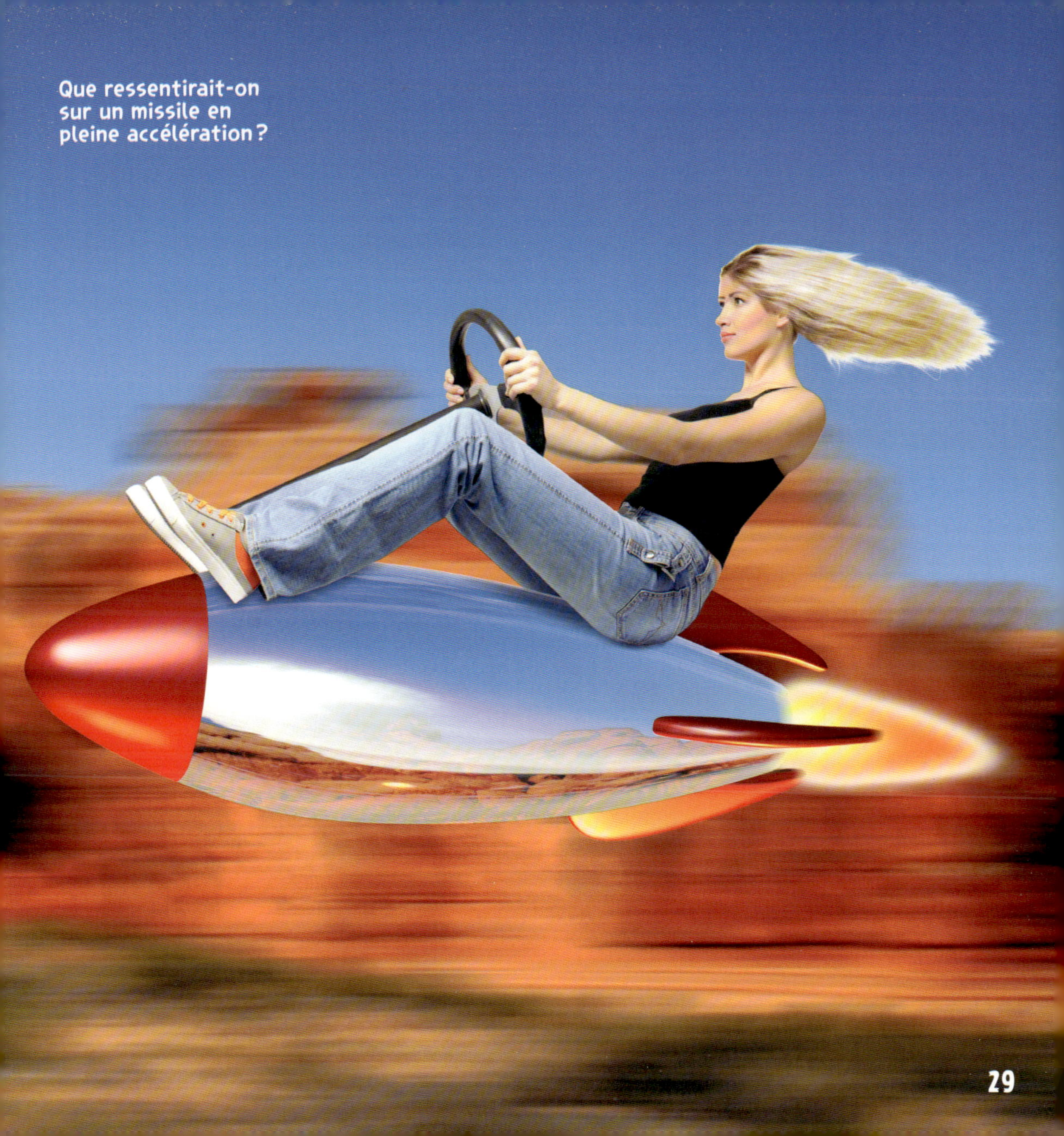

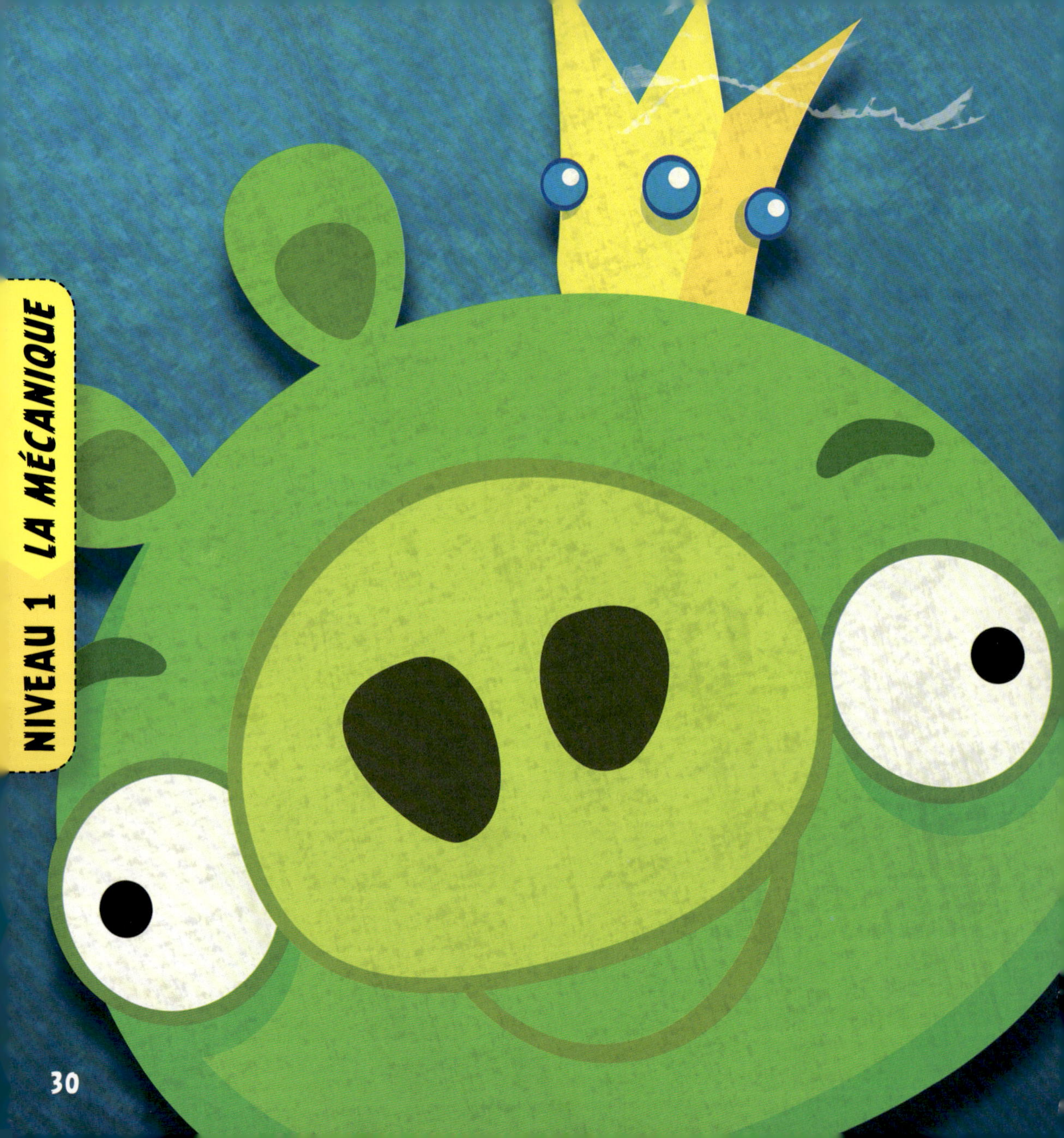

LE ROI COCHON

LA MASSE EST IMPORTANTE

Plus la masse d'un objet est grande, plus il résiste au mouvement. C'est pourquoi il faut une force considérable pour écarter le roi Cochon. Ce porc bien en chair est celui qui organise les vols des œufs d'Angry Birds. Il apprécie de voir sa marmite remplie sans avoir levé le petit doigt et reste assis pendant que ses sbires sont en chasse. L'île Piggy a longtemps été son unique domaine et il ne s'éloigne de son trône que si on l'a vraiment provoqué ou brutalisé. Son corps mou et rebondi ne fait alors pas le poids face à la folie furieuse des Angry Birds.

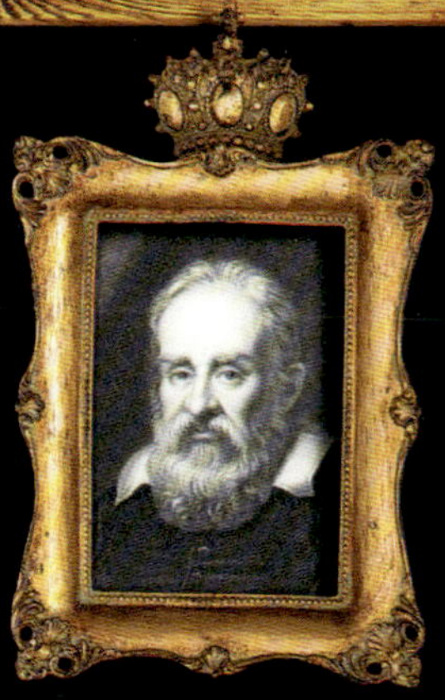

GALILEO GALILEI

$$F_{\{net\}} = ma$$

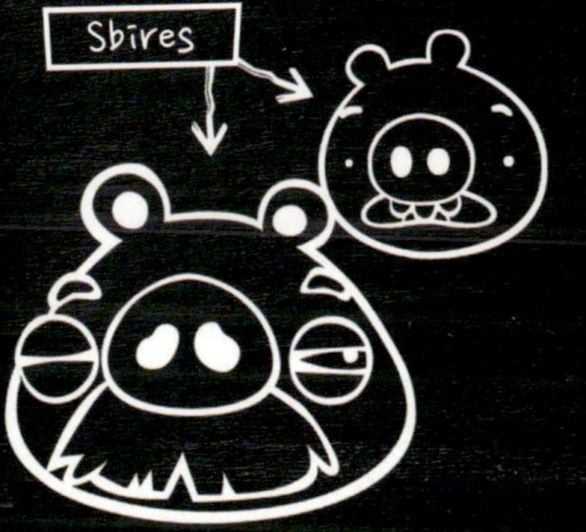

NOM : LE ROI COCHON

CE QUI LE FAIT BOUGER : LA FORCE COURROUCÉE D'UN ANGRY BIRD

STRATÉGIE PRÉFÉRÉE : RESTER INERTE

PHYSIQUE EN JEU : UN CORPS AU REPOS NE BOUGE PAS TANT QU'AUCUNE FORCE NE S'EXERCE SUR LUI (PRINCIPE D'INERTIE).

SPATIONAUTES EN ORBITE

On pense qu'il n'y a pas de pesanteur dans l'espace, puisque les spationautes y flottent. Mais la pesanteur résulte d'une force d'attraction qui s'exerce aussi dans l'espace et fait tourner la Terre autour du Soleil.

POURQUOI FLOTTE-T-ON DANS L'ESPACE ?

Plus on s'éloigne de la Terre, plus la force d'attraction de celle-ci diminue. Cependant, les spationautes en orbite ne sont qu'à 400 kilomètres de la Terre, qui a un diamètre d'environ 13000 kilomètres. La pesanteur n'est donc que légèrement diminuée.

Mais alors pourquoi sont-ils en apesanteur dans la station spatiale ? Quand on est en orbite, on tourne autour de la Terre. En tournant ainsi, on subit une « force centrifuge », la même que celle qui nous pousse dans les virages quand nous roulons en voiture.

Une telle force devrait donc éloigner de la Terre les objets qui tournent autour, mais la pesanteur, elle, les attire et les deux forces s'équilibrent. C'est pourquoi les astronautes flottent à l'intérieur de la station spatiale.

PHYSIQUE EN JEU

EN ORBITE, AU NIVEAU DE LA STATION SPATIALE INTERNATIONALE, LA PESANTEUR N'EST DIMINUÉE QUE DE 10% PAR RAPPORT À LA SURFACE DE LA TERRE.

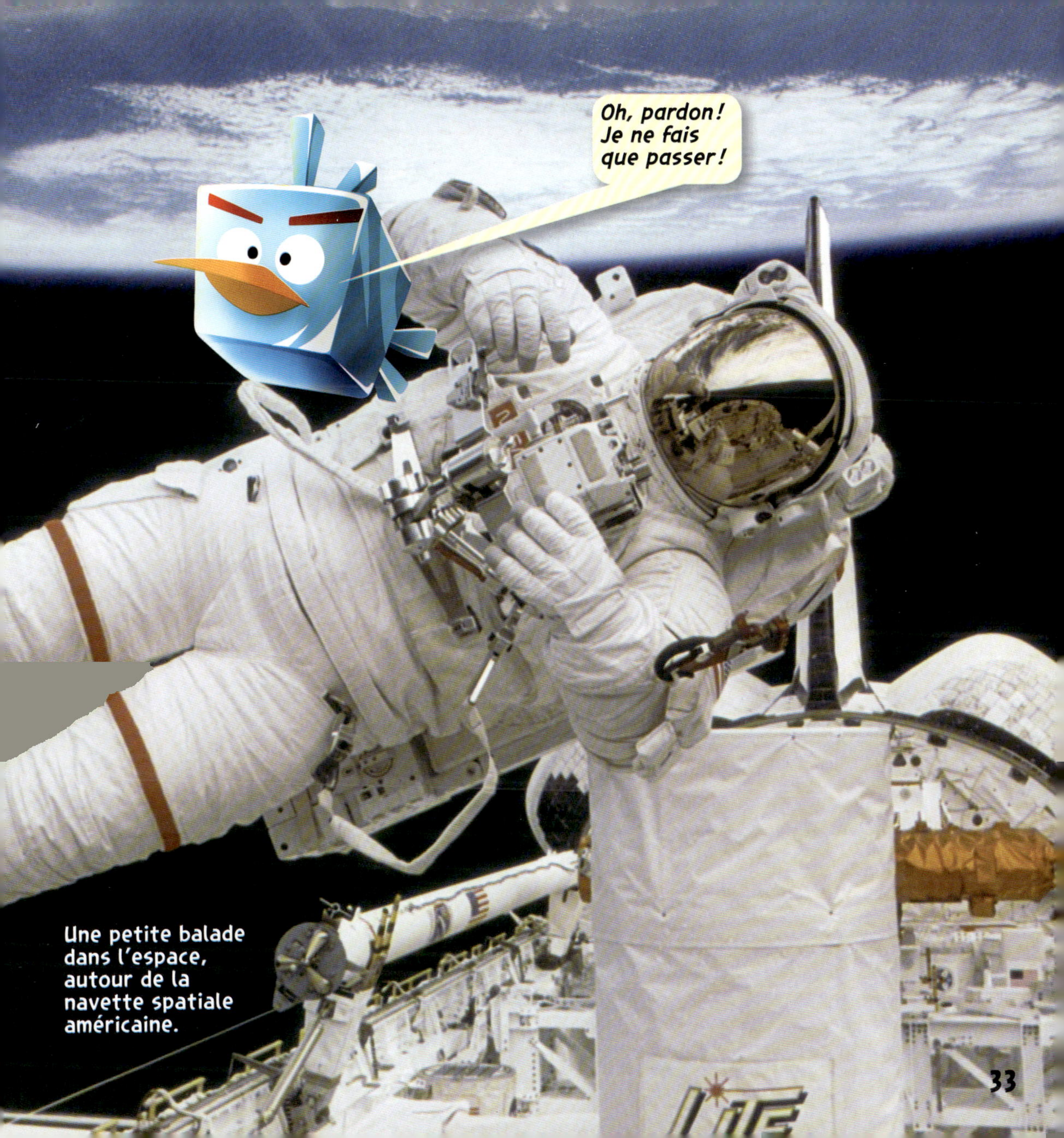

Une petite balade dans l'espace, autour de la navette spatiale américaine.

ÉNERGIE ET MOUVEMENT

Les montagnes russes sont des attractions vraiment folles. Au fil de son parcours acrobatique, le wagon accélère fortement et ralentit. Ce mouvement peut être décrit en termes d'énergie plutôt que de forces, car cela rend la description plus facile. En effet, lors d'une trajectoire sinueuse, il peut être difficile de rendre compte des différentes forces en action. Mais si on utilise l'énergie, il suffit de savoir d'où le wagon part et où il s'arrête.

C'est si drôle d'accélérer et de ralentir dans les montagnes russes !

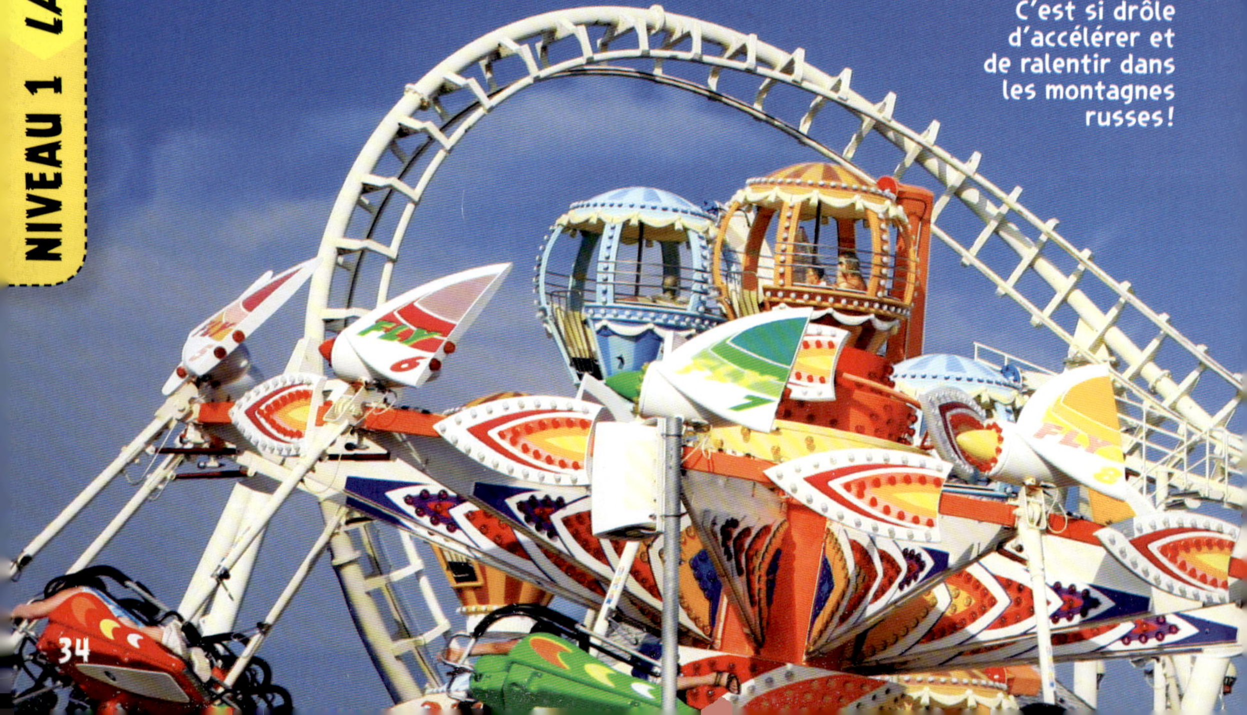

PEUT-ON UTILISER L'ÉNERGIE POUR DÉCRIRE LES MONTAGNES RUSSES ?

Pour un wagon de montagnes russes, il y a deux types principaux d'énergie : l'énergie cinétique, associée au mouvement du wagon, qui dépend de sa masse et de sa vitesse, et l'énergie potentielle due à l'interaction gravitationnelle entre la Terre et le wagon. L'énergie potentielle dépend de la masse du wagon et de sa hauteur par rapport à la surface de la Terre.

Selon la loi de conservation de l'énergie, la somme des énergies cinétique et potentielle est constante. Lorsque le wagon se dirige vers le bas, son énergie potentielle décroît tandis que son énergie cinétique augmente, ce qui se traduit par une forte accélération.

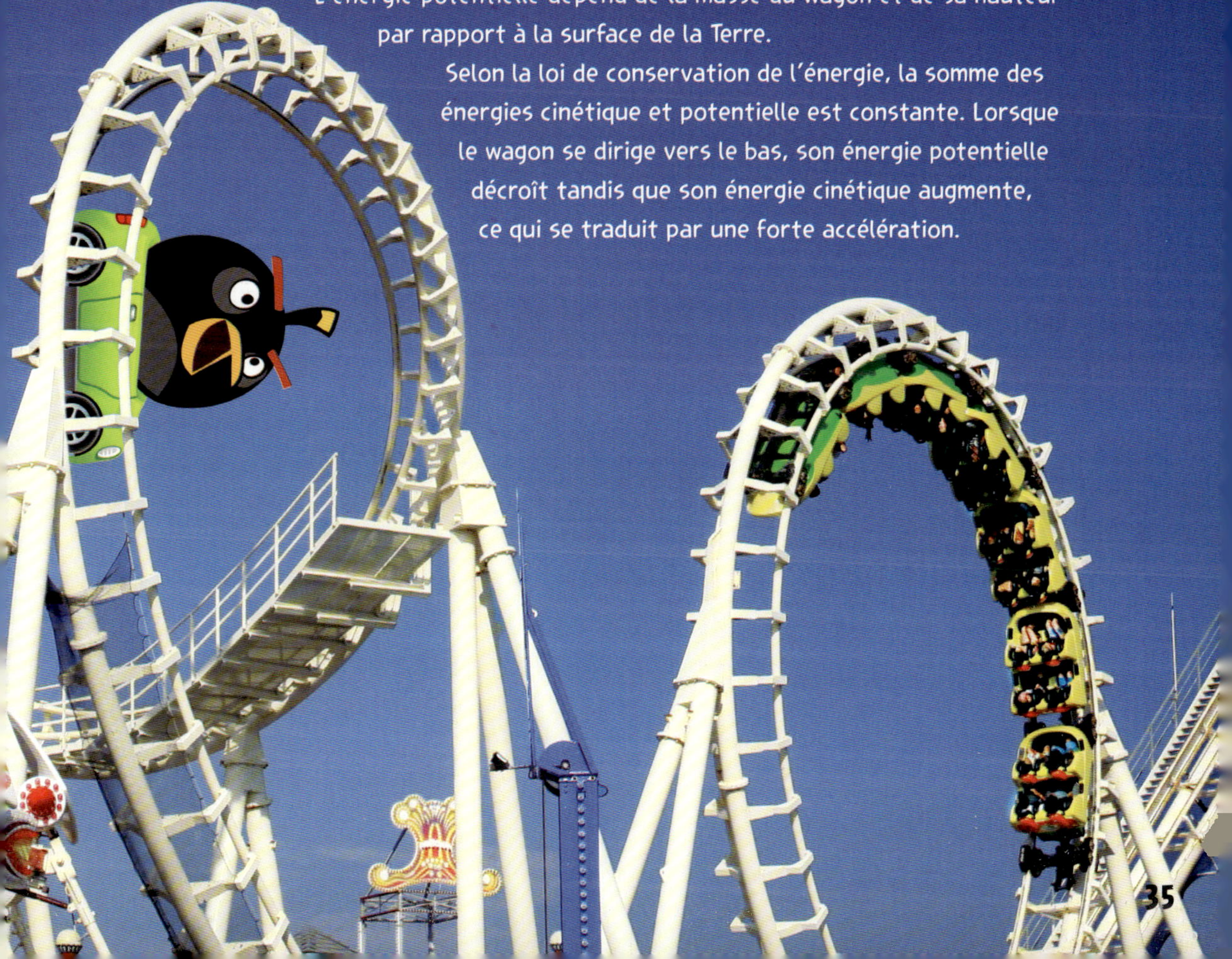

MOUVEMENT CIRCULAIRE

Pour représenter la vitesse, on tient compte à la fois de la valeur de celle-ci et de sa direction : cela s'exprime sous la forme d'un « vecteur ». Changer la direction de ce vecteur peut provoquer une accélération. En effet, même à vitesse constante, un mouvement circulaire correspond à une accélération.

POURQUOI LES MAMMIFÈRES S'ÉBROUENT-ILS POUR SE SÉCHER ?

S'ébrouer est une manière efficace d'accélérer la chute des gouttes d'eau ! Un chien ou un ours qui s'ébroue remue sa fourrure d'un côté et de l'autre dans un mouvement pratiquement circulaire. Plus ce mouvement est rapide, plus l'eau sur les poils subit une forte accélération. Comment s'effectue l'accélération ? Celle-ci provient du mouvement circulaire, qui modifie le vecteur vitesse. Un type de force de frottement maintient l'eau sur les poils. Mais si le mouvement circulaire est suffisamment rapide, cette force de frottement ne pourra pas s'opposer à la force qui pousse les gouttes vers l'extérieur. Vous obtiendrez donc un mammifère sec et heureux.

TRÈS PHYSIQUE

LORS D'UN MOUVEMENT CIRCULAIRE, L'ACCÉLÉRATION EST DIRIGÉE VERS LE CENTRE DU CERCLE.

LA VALEUR DE L'ACCÉLÉRATION CIRCULAIRE AUGMENTE AVEC LA VITESSE DE L'OBJET, MAIS DIMINUE LORSQUE LE RAYON DU CERCLE PARCOURU GRANDIT.

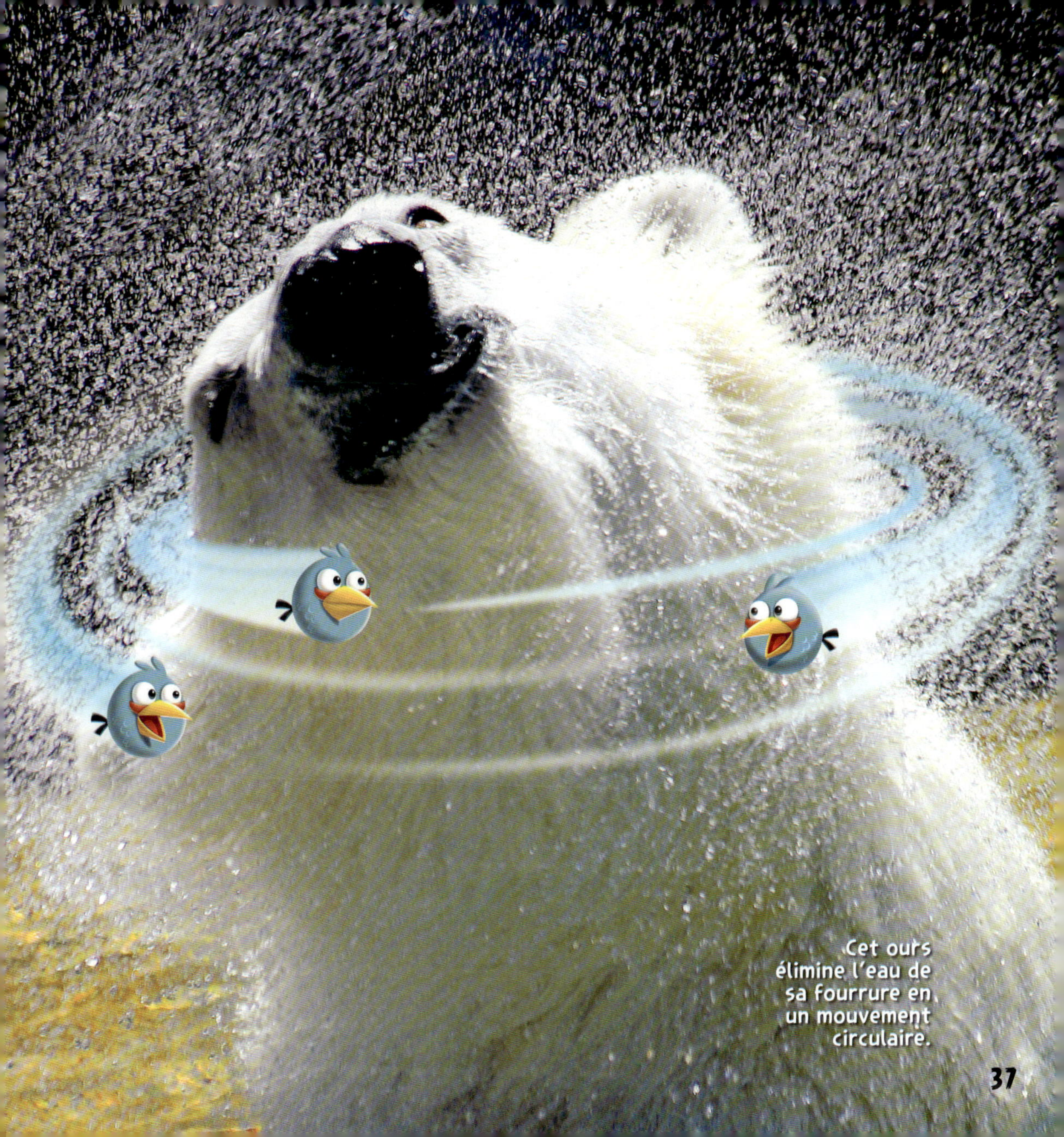

Cet ours élimine l'eau de sa fourrure en un mouvement circulaire.

NIVEAU 2 SON ET LUMIÈRE

Le son et la lumière sont des vibrations émises par une source et qui se déplacent très rapidement, mais la lumière va beaucoup plus vite que le son.

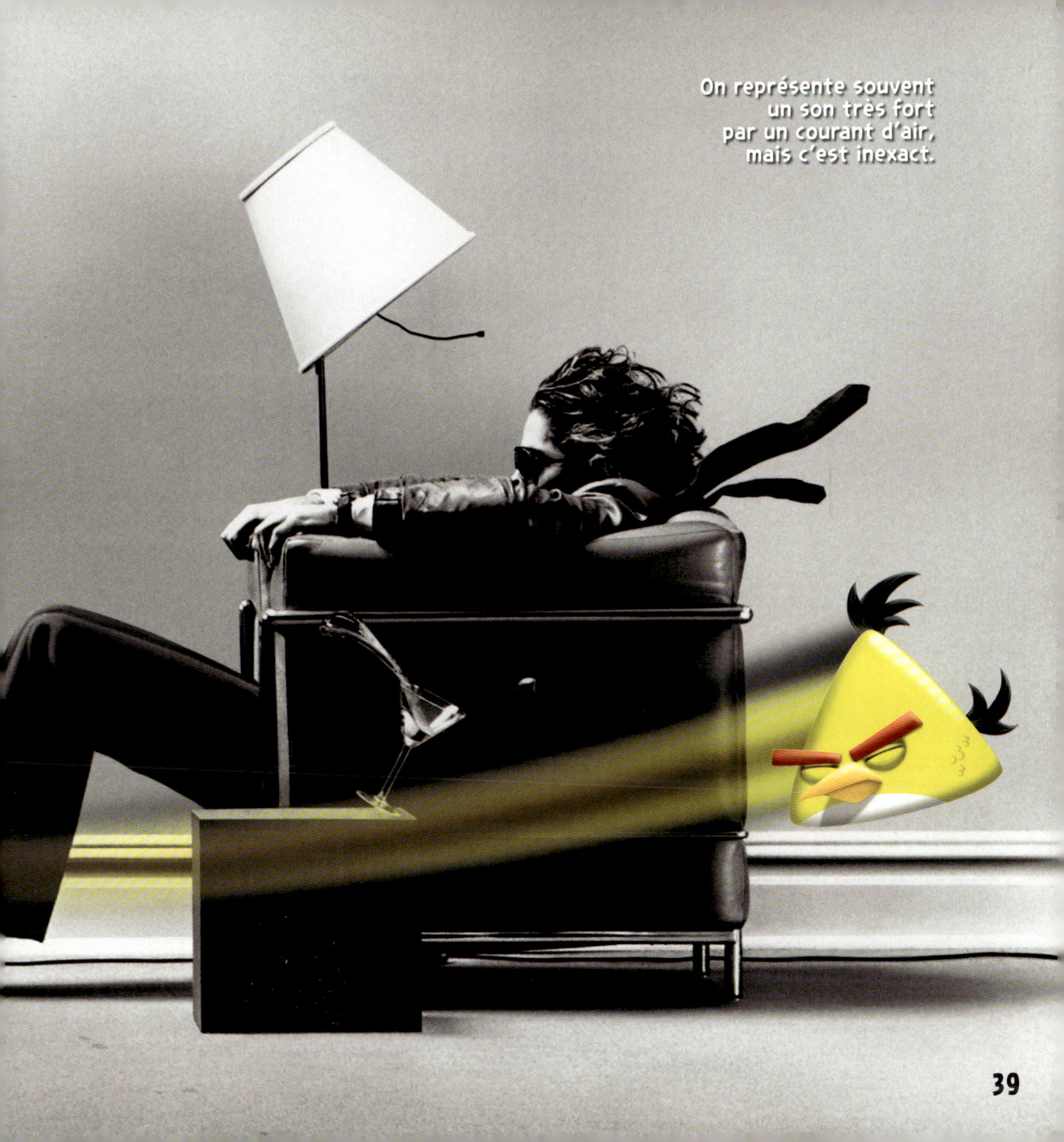

On représente souvent
un son très fort
par un courant d'air,
mais c'est inexact.

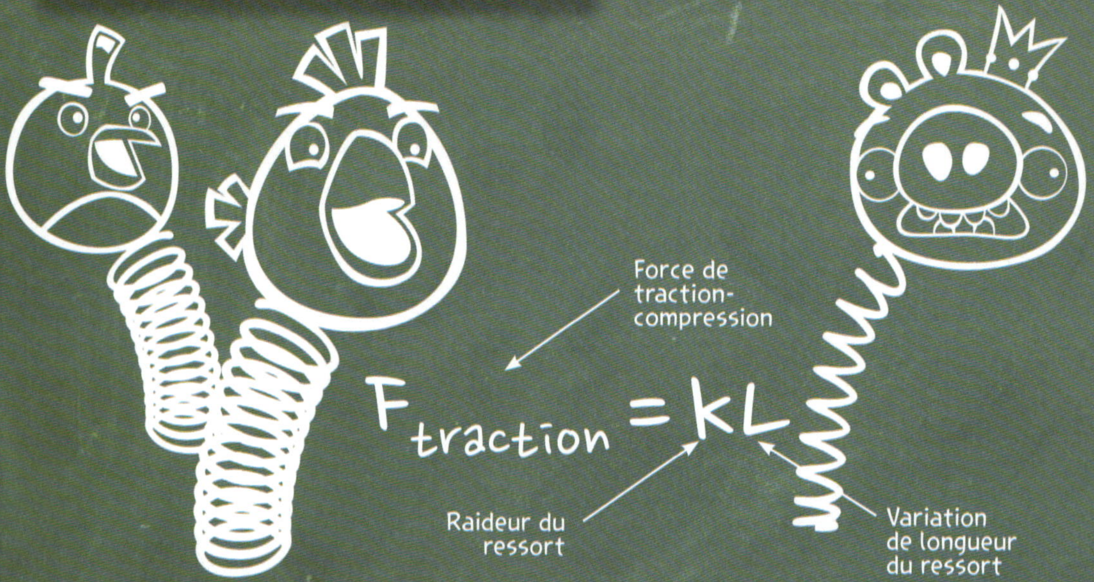

OSCILLATIONS

Prenez un ressort, tirez dessus, puis lâchez-le : il retrouvera vite sa forme de départ. Si vous le pressez, il fera de même dans le sens opposé. Si vous y suspendez un petit poids comme un caillou, celui-ci ne bougera pas car il sera tiré vers le haut par le ressort avec la même force que la pesanteur qui, elle, l'attire vers le bas. Si vous tirez un peu sur le caillou, le ressort s'allongera, car la force exercée vers le bas sera plus forte que la seule force de la pesanteur. Quand vous lâcherez le caillou, celui-ci s'élèvera, emporté par la traction du ressort. Mais il s'arrêtera dès que le ressort sera contracté et retombera en retendant le ressort. Ce mouvement de haut en bas qui se répète s'appelle une « oscillation ». C'est important pour comprendre le son et la lumière.

DESCRIPTION DES ONDES

On imagine souvent les ondes sous la forme de vagues qui se répètent régulièrement, comme celles de l'océan. On comprend alors qu'il n'y a pas qu'un seul déplacement, mais plusieurs, autant qu'il y a de vagues. Trois mesures permettent de les décrire.

La première mesure est la vitesse : si vous suivez une seule vague d'un point A vers un point B de l'océan, vous pouvez calculer sa vitesse. La deuxième est la fréquence. Supposez que, assis sur un rocher, vous comptiez le nombre de vagues passant chaque seconde devant vous : vous obtiendriez la fréquence de l'onde. La troisième est la longueur d'onde : la distance entre la pointe de chaque vague et celle de la suivante. Conclusion : qu'il s'agisse d'ondes, telles que le son et la lumière, ou des vagues de l'océan, il est possible d'en mesurer la vitesse, la fréquence et la longueur d'onde.

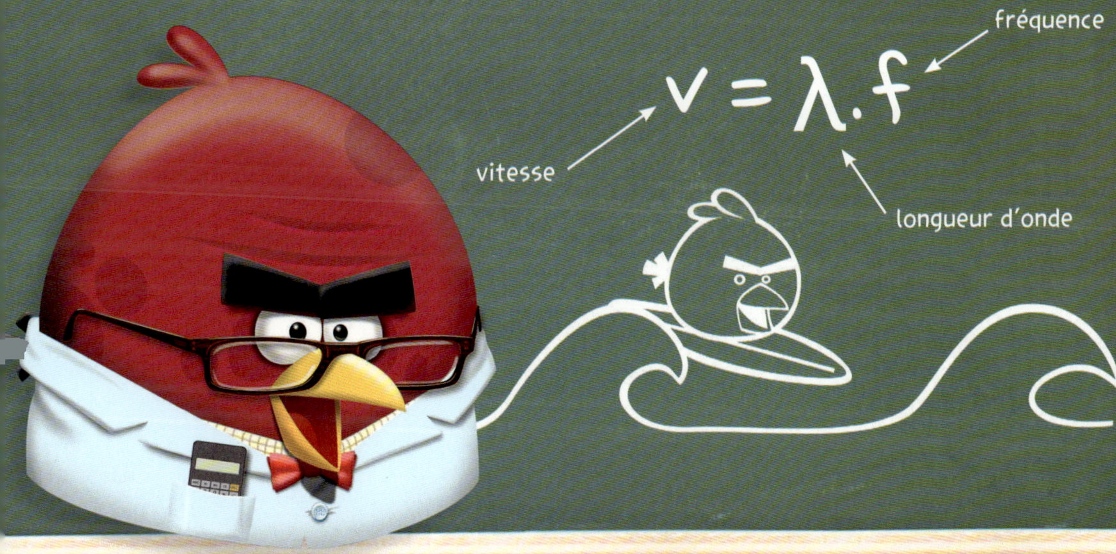

QU'EST-CE QUE LE SON ?

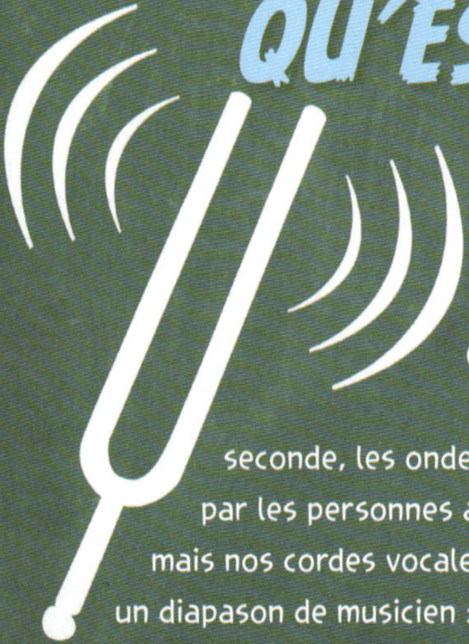

Lorsqu'on agite la main d'avant en arrière, on déplace de l'air, à moins d'être un plongeur sous l'eau ou un spationaute en mission. La main pousse de minuscules éléments, des molécules de gaz, qui composent l'air. On crée ainsi des ondes de compression des molécules d'air.

En supposant qu'on puisse agiter la main 200 fois par seconde, les ondes de compression d'air seraient alors des sons, entendus par les personnes alentour. Bien sûr, il est impossible de faire cela avec la main, mais nos cordes vocales y arrivent très bien, tout comme un élastique tendu ou un diapason de musicien : en vibrant très rapidement, ils créent des ondes sonores.

Comme toutes les ondes, le son a une vitesse, une longueur d'onde et une fréquence. Lorsque la fréquence de vibration augmente, notre oreille perçoit un son plus aigu.

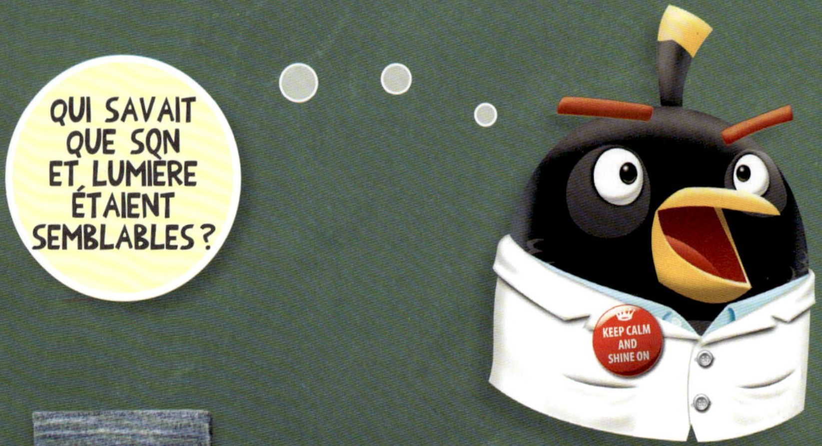

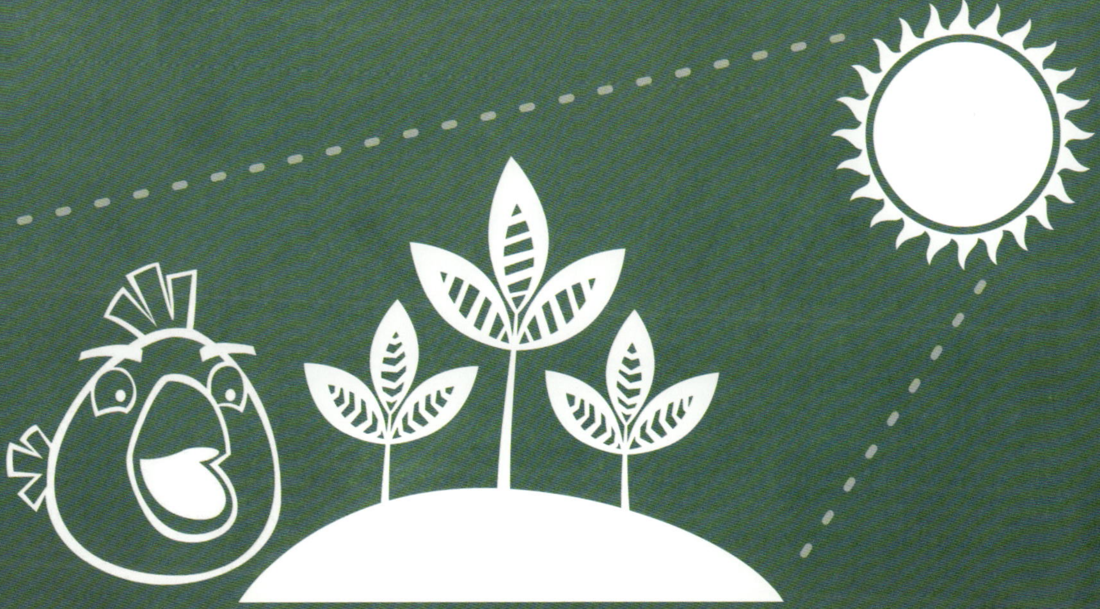

QU'EST-CE QUE LA LUMIÈRE ?

La lumière est une onde, comme le son, mais il y a tout de même beaucoup de différences entre les deux. Si l'on fait le vide dans une pièce, en retirant tout l'air, le son ne peut plus circuler car l'air est nécessaire pour qu'il se propage. Qu'en est-il de la lumière ?

Le son circule à travers l'air, comme les vagues de l'océan à travers l'eau. Mais alors, si la lumière est une onde, à travers quoi circule-t-elle ? La réponse est un peu délicate : la lumière n'a besoin de rien pour circuler. Contrairement au son, elle se déplace très bien dans le vide et met quelques minutes pour venir du Soleil jusqu'à nous. C'est une onde « électromagnétique », qui vibre à la fois dans un champ électrique et dans un champ magnétique.

ONDES

Vous pouvez créer des ondes chez vous, en posant une corde assez longue en ligne droite sur le sol. Saisissez-en une extrémité et donnez une rapide secousse. Que se passe-t-il ? Une belle onde se déplace le long de la corde ! En regardant bien, vous verrez que la corde se soulève au passage de l'onde. Voilà la démonstration qu'une onde correspond à un déplacement.

COMMENT SE DÉPLACENT LES ONDES ?

Avez-vous déjà vu une ola lors d'un événement sportif, peut-être y avez-vous déjà participé ? Les spectateurs lèvent et baissent les bras, les uns après les autres, pour que la ola parcoure le stade. On comprend que ce ne sont pas les spectateurs eux-mêmes qui tournent autour du stade, mais juste la succession de leurs mouvements des bras. Il se passe pratiquement la même chose lorsqu'une onde progresse le long d'une corde.

Quelle que soit l'onde concernée : une ola humaine, une onde sur une corde, un son ou une onde lumineuse, il s'agit d'un mouvement qui se déplace de proche en proche.

PHYSIQUE EN JEU

UNE OLA DE SUPPORTERS PEUT TRAVERSER UN STADE EN MOINS DE 30 SECONDES, EN ATTEIGNANT PRESQUE 90 KILOMÈTRES HEURE (SOIT 25 MÈTRES PAR SECONDE). POUR PARCOURIR LA MÊME DISTANCE EN COURANT LE PLUS VITE POSSIBLE, IL FAUDRAIT AU MOINS TROIS FOIS PLUS DE TEMPS.

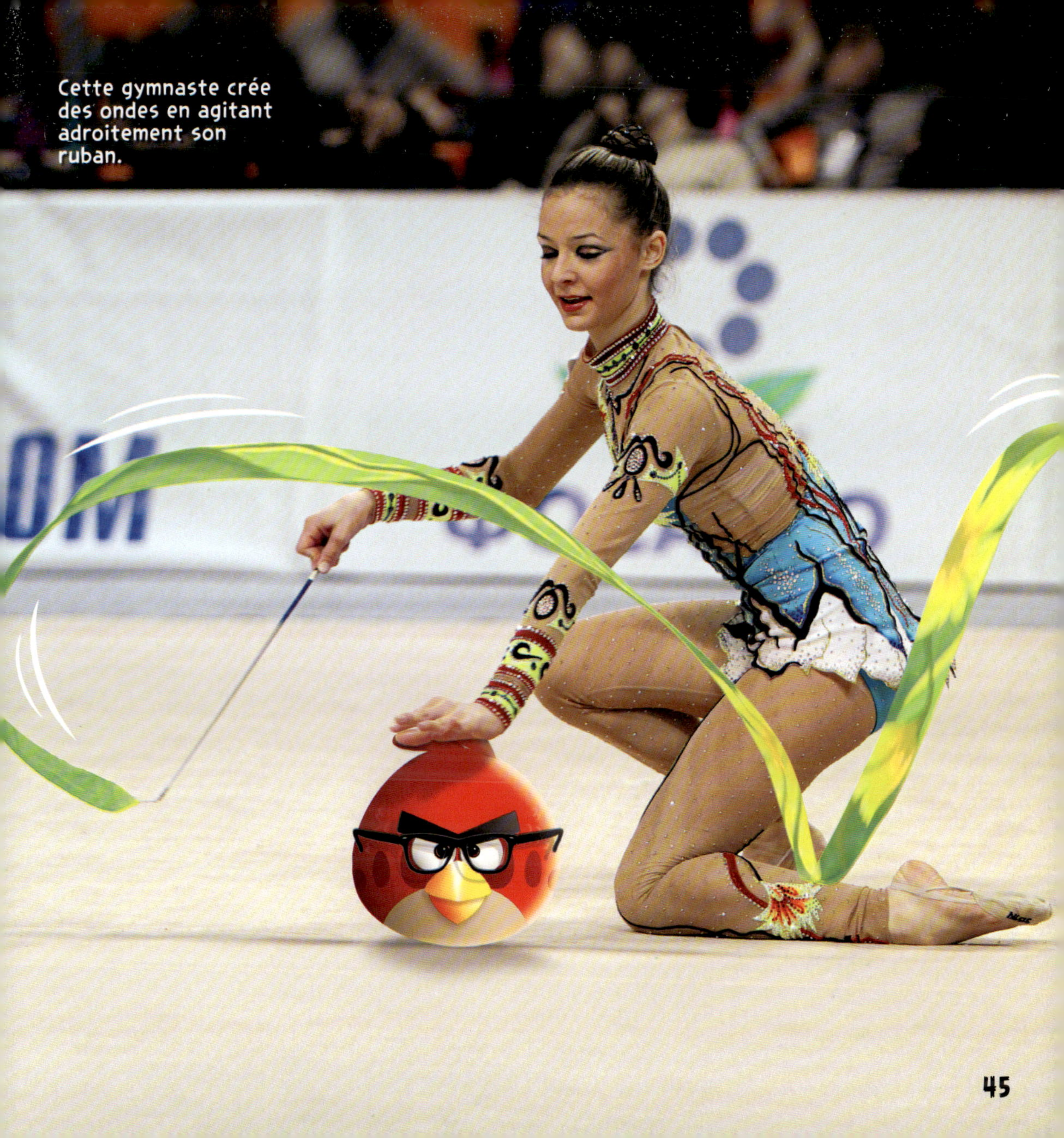

Cette gymnaste crée des ondes en agitant adroitement son ruban.

TONNERRE ET

Avez-vous déjà entendu quelqu'un compter les secondes séparant l'éclair du tonnerre ? Ce calcul permet de savoir si un orage est proche ou lointain. Oui, mais pourquoi ?

Le tonnerre et l'éclair sont tous les deux des ondes : une onde sonore en ce qui concerne le tonnerre et une onde électromagnétique pour la lumière qui constitue l'éclair. Elles naissent exactement au même instant, mais ont des vitesses différentes. Si vous êtes à 15 kilomètres d'un éclair, la lumière vous apparaît presque instantanément, alors que le son du tonnerre met plus de 40 secondes pour parvenir jusqu'à vous ! Plus l'orage est proche, plus le tonnerre arrive vite après l'éclair.

COMMENT CALCULER LA DISTANCE QUI NOUS SÉPARE DE L'ÉCLAIR ?

Un éclair jaillit des nuages : top chrono ! On compte les secondes : 1, 2, 3, 4,... 11, 12 et BOUM ! Le tonnerre retentit 12 secondes après l'éclair. Étant donné que le son parcourt un kilomètre en 3 secondes, cela signifie que l'éclair est à 4 kilomètres.

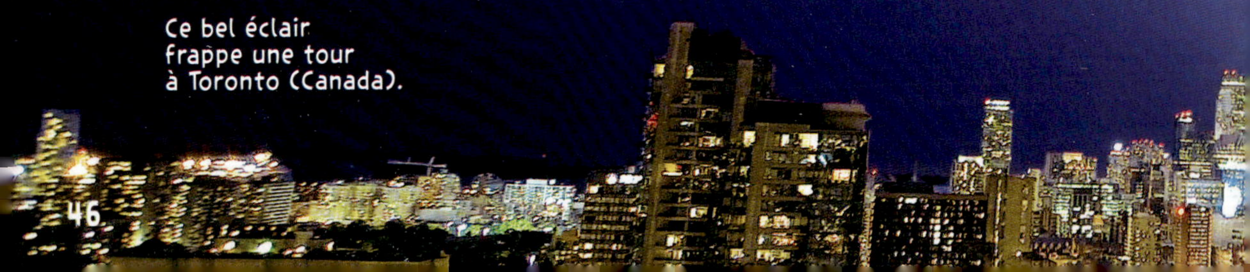

Ce bel éclair frappe une tour à Toronto (Canada).

ÉCLAIR

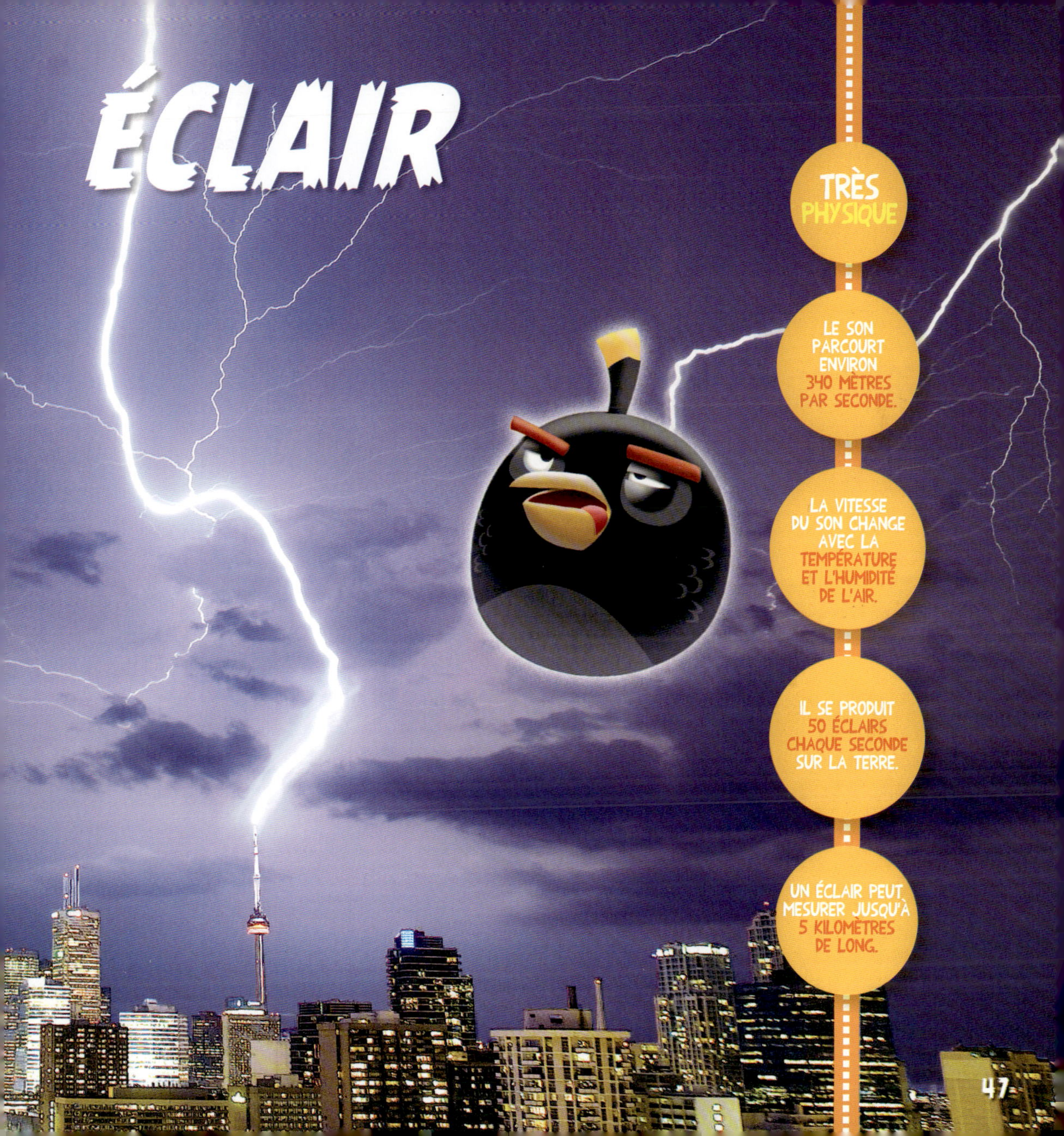

TRÈS PHYSIQUE

LE SON PARCOURT ENVIRON 340 MÈTRES PAR SECONDE.

LA VITESSE DU SON CHANGE AVEC LA TEMPÉRATURE ET L'HUMIDITÉ DE L'AIR.

IL SE PRODUIT 50 ÉCLAIRS CHAQUE SECONDE SUR LA TERRE.

UN ÉCLAIR PEUT MESURER JUSQU'À 5 KILOMÈTRES DE LONG.

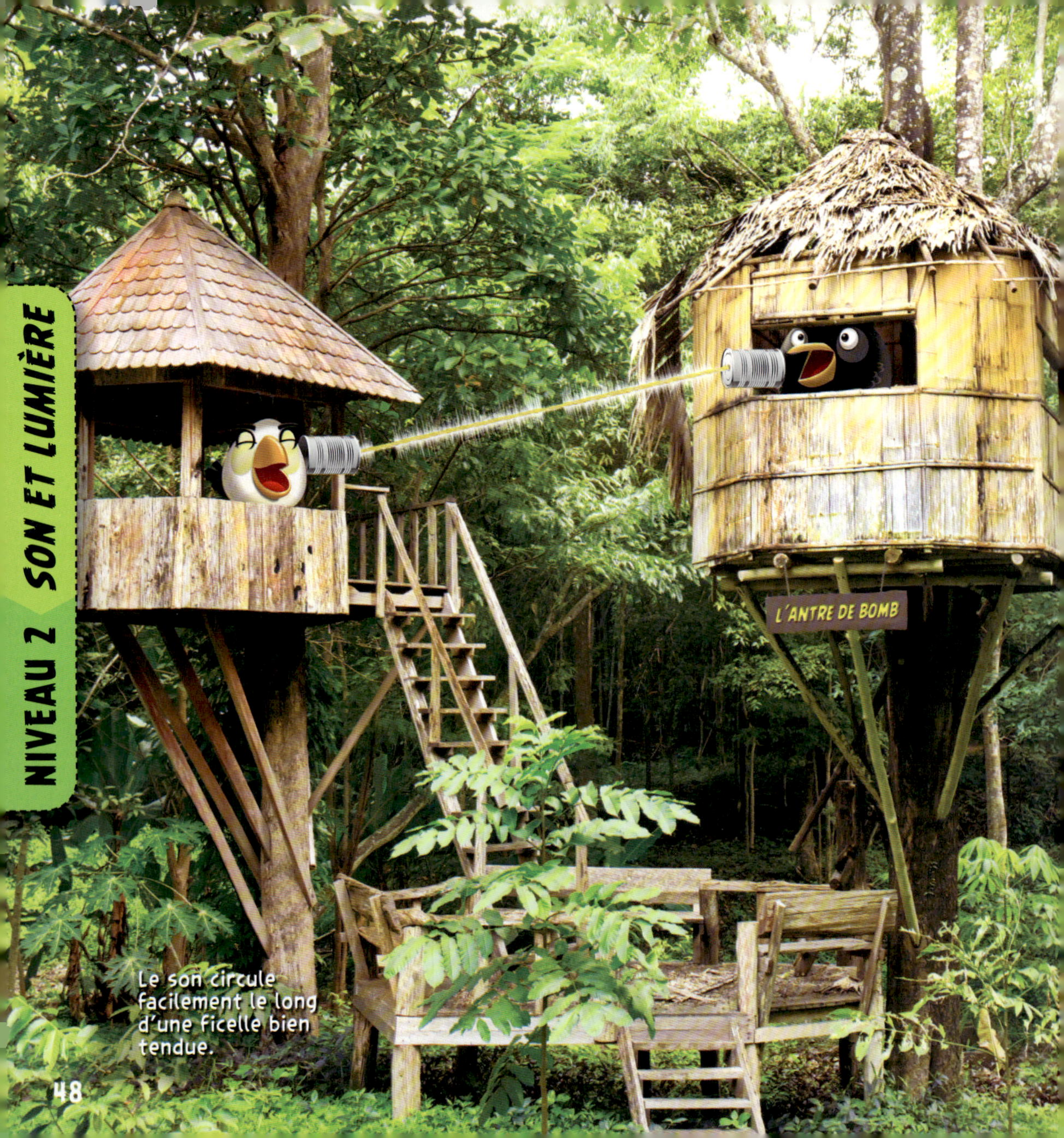

Le son circule facilement le long d'une ficelle bien tendue.

ONDES STATIONNAIRES

Que se passe-t-il lorsqu'une onde circule dans un objet et parvient au bout de celui-ci? Si elle parcourt un fil, elle fera le trajet en sens inverse. C'est ce qui se produit lorsque vous grattez une corde de guitare : la vibration va et vient le long de la corde. Si une autre onde est émise à la suite, la première reviendra tandis que la seconde avancera dans le sens initial. Les deux ondes auront des sens opposés.

QUE SE PASSE-T-IL QUAND DEUX ONDES SE PARTAGENT UNE CORDE ?

Deux ondes circulant sur la même corde peuvent mutuellement se réduire ou se renforcer. Si une onde va dans un sens alors qu'une onde équivalente va en sens opposé, les deux s'annulent. Si ces ondes vont toutes les deux dans le même sens, elles s'additionnent. On appelle l'onde résultante une « onde stationnaire ». Avec une corde de guitare, seules certaines longueurs d'ondes peuvent se déplacer d'avant en arrière sans être annulées par des ondes réfléchissantes. C'est pour cela qu'une corde de guitare a un son agréable.

PHYSIQUE EN JEU

OBSERVEZ DES ONDES STATIONNAIRES SUR UNE CORDE À SAUTER. CRÉEZ DES ONDES EN SECOUANT UN BOUT DE LA CORDE DE HAUT EN BAS TANDIS QU'UN PARTENAIRE TIENT L'AUTRE BOUT. DEMANDEZ-LUI ALORS D'ESSAYER D'AJOUTER UNE PETITE ONDE À PARTIR DE SON CÔTÉ.

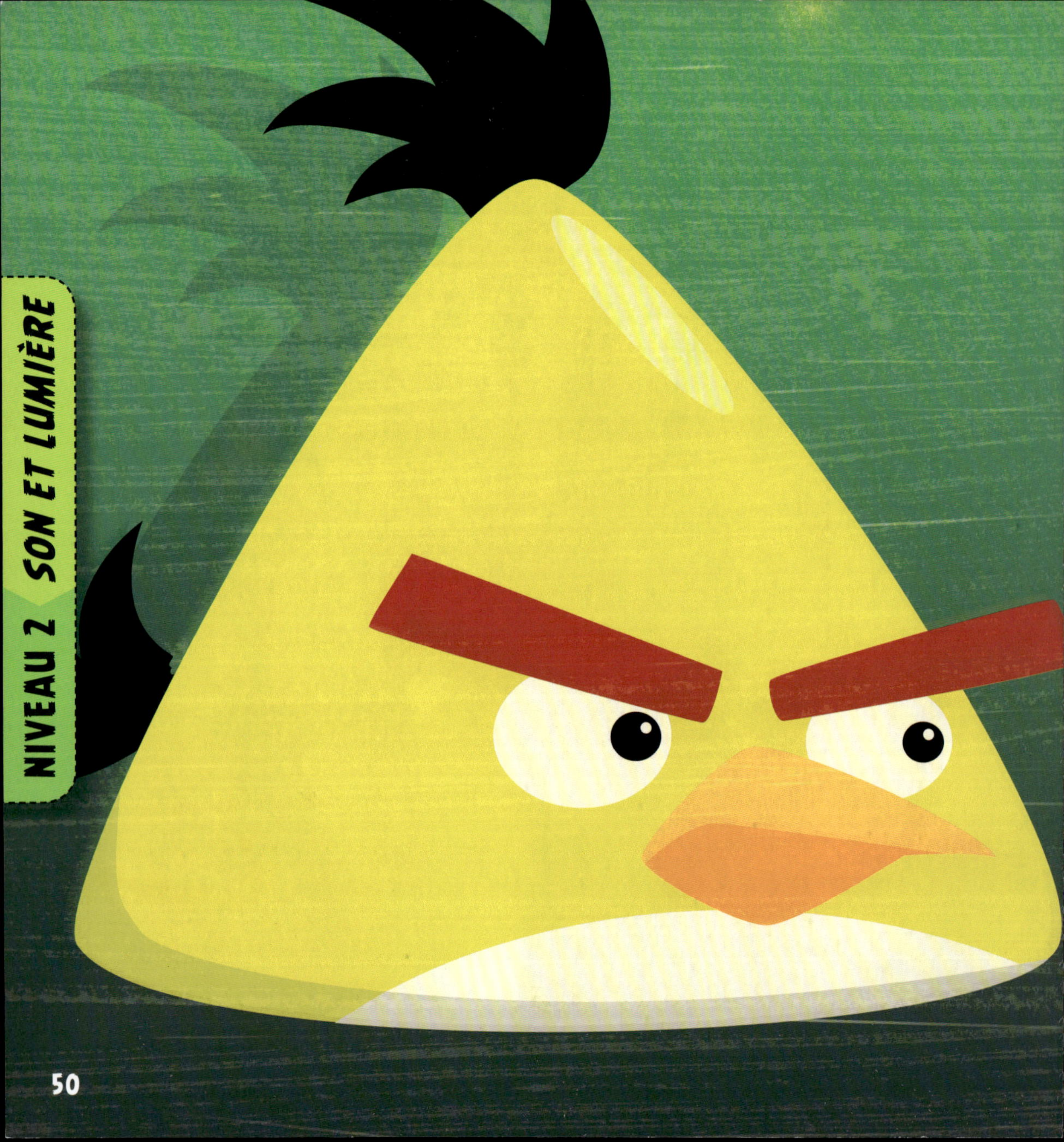

CHUCK

À VOS MARQUES, PRÊTS... TURBO!

Toujours prêt à frapper, Chuck se déplace à la vitesse de la lumière. Impatient de faire ses preuves, il s'est autoproclamé second de Red. Certains le qualifient d'hyperactif, mais pour défendre leur noble cause, les Angry Birds comptent sur ses services supersoniques. Avec la menace constante des cochons – et celle de ses rivaux à plumes, jaloux de son rôle de sous-chef – Chuck sait qu'il doit rester sur ses gardes.

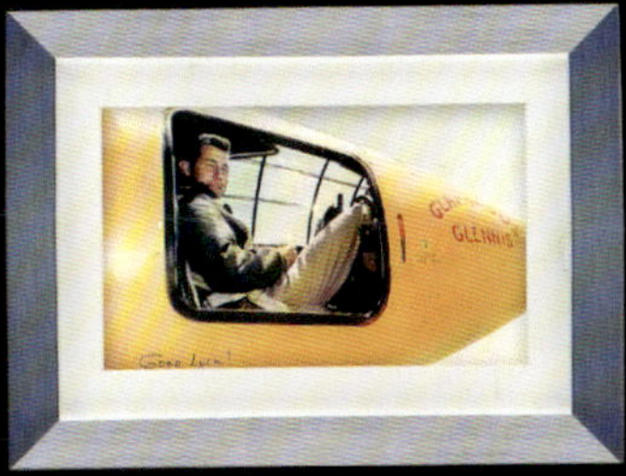

CHARLES « CHUCK » YEAGER

Mach 1 = 340,29 m/s

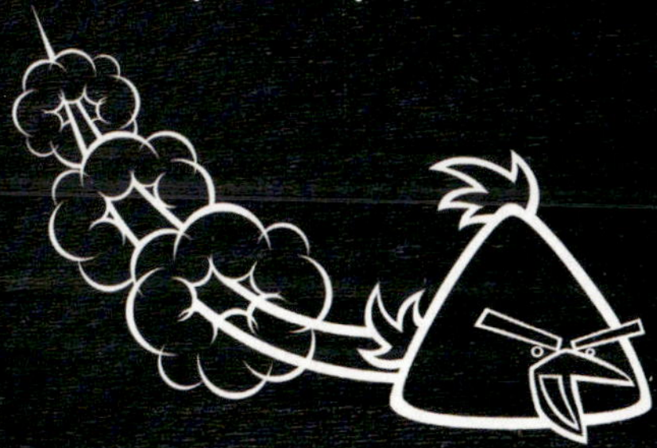

NOM : CHUCK

CE QUI LE FAIT BOUGER : TOUT CE QUI MENACE SA SUPÉRIORITÉ

STRATÉGIE FAVORITE : ESSAYER, ESSAYER ENCORE, ET PLUS VITE

PHYSIQUE EN JEU : MACH 1, C'EST LA VITESSE DU SON. MACH 2 OU 3, C'EST DONC 2 OU 3 FOIS PLUS RAPIDE QUE LE SON DANS LE MÊME MILIEU.

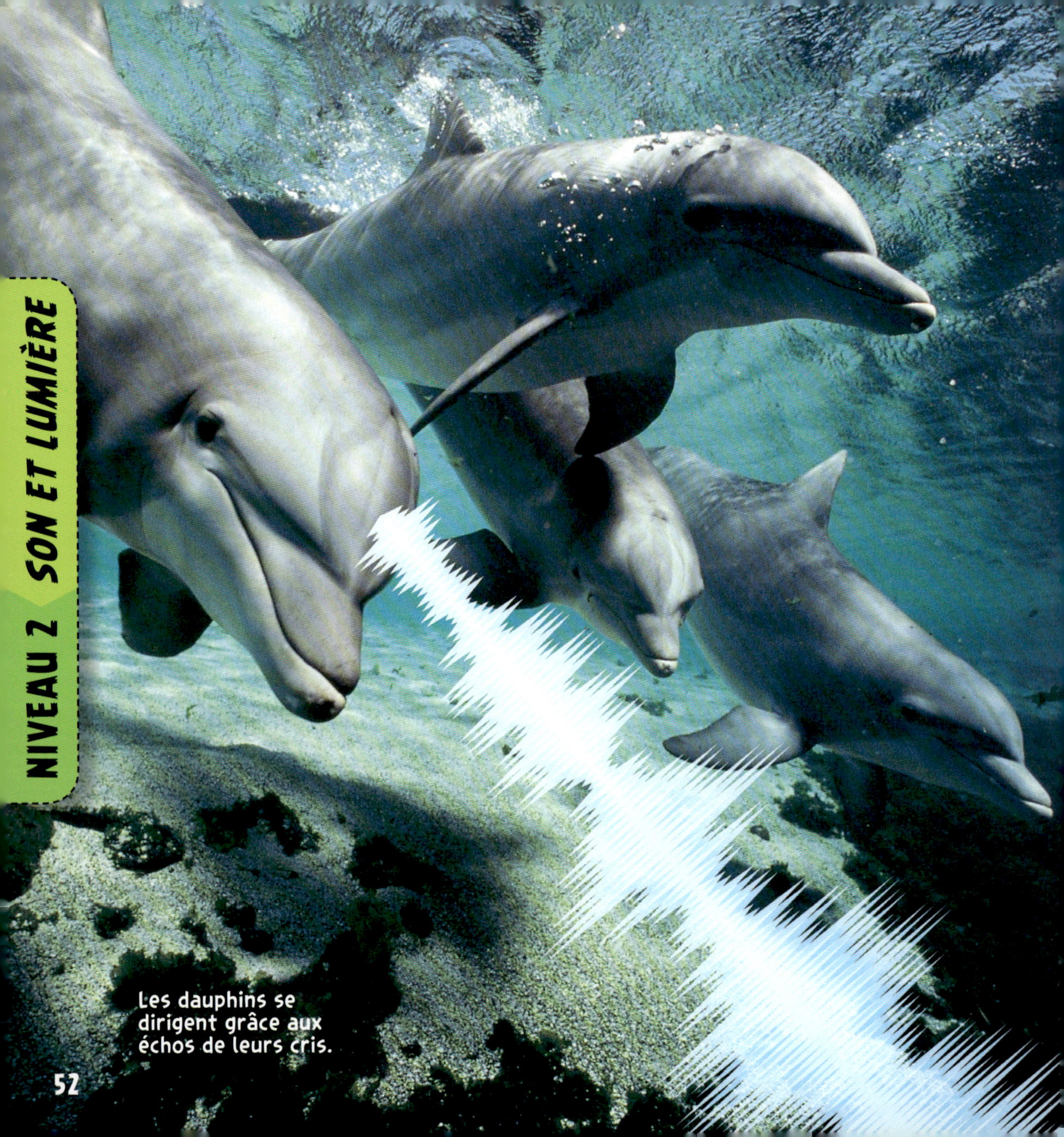

Les dauphins se dirigent grâce aux échos de leurs cris.

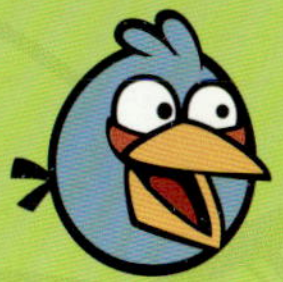

LE SON DANS LES LIQUIDES

Lorsque l'on plonge la tête sous l'eau d'une piscine, on entend encore les bruits, mais il devient difficile de déterminer d'où ils proviennent. Pourtant, hors de l'eau, on trouve facilement la provenance des sons. En effet, comme leur déplacement prend du temps, une de nos oreilles les capte avant l'autre. Dans l'eau, les sons vont beaucoup plus vite et le décalage entre les deux oreilles devient trop petit pour nous.

COMMENT LES DAUPHINS S'ORIENTENT-ILS DANS L'EAU ?

Les dauphins, contrairement à nous, n'ont pas de problème pour trouver d'où proviennent les sons sous l'eau. Ils poussent des cris très aigus, qui « rebondissent » sous forme d'échos sur tout ce qui est solide, comme les poissons ou les obstacles. Plus un obstacle est éloigné, plus l'écho met de temps à revenir. Cette façon de se repérer et de se déplacer, qui facilite l'orientation et la chasse des dauphins, s'appelle l'écholocalisation.

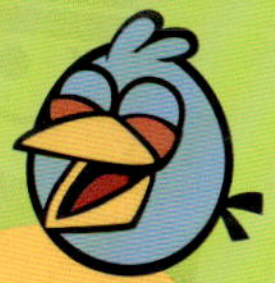

TRÈS PHYSIQUE

- DANS L'EAU, LE SON VA DEUX FOIS ET DEMI PLUS VITE QUE DANS L'AIR.
- LES SOUS-MARINS UTILISENT LA MÊME TECHNIQUE QUE LES DAUPHINS : LE SONAR.
- LA PLUS ANCIENNE SONDE SOUS-MARINE A ÉTÉ BREVETÉE EN 1912.
- LES CHANTS DES BALEINES PEUVENT PARCOURIR DES MILLIERS DE KILOMÈTRES.

EFFET DOPPLER

Nous savons que les sons sont des ondes et donc qu'ils ont une longueur d'onde. Celle des sons aigus est plus courte que celle des sons graves. Mais il se produit un phénomène étonnant lorsque la source des sons est en mouvement.

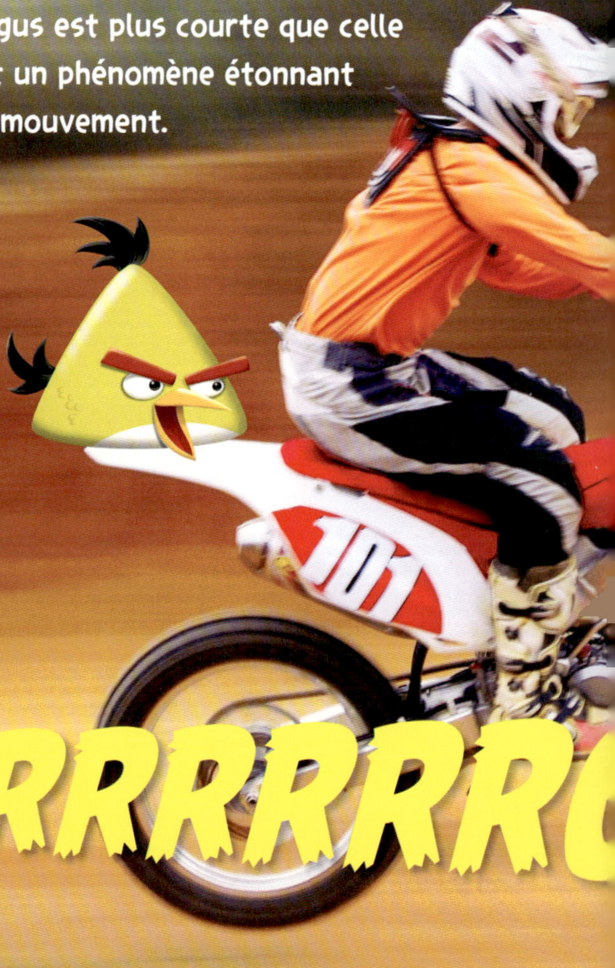

Une moto qui s'approche n'a pas le même son qu'une moto qui s'éloigne.

POURQUOI LE SON D'UNE MOTO CHANGE-T-IL LORSQU'ELLE PASSE DEVANT NOUS ?

Imaginez une moto vrombissante passant de gauche à droite devant vous, à vitesse constante. Son moteur crée des ondes sonores, les unes après les autres, en s'approchant. Leur longueur d'onde nous semble plus petite que si la moto ne bougeait pas, ce qui signifie que le son du moteur devient de plus en plus aigu à nos oreilles, à mesure que la moto approche. On appelle cela l'effet Doppler. À l'inverse, lorsque la moto s'éloigne, le son devient plus grave. Plus la moto va vite, plus cet effet est fort. Cela peut se produire pour n'importe quel type d'ondes, à condition que leur source soit en mouvement par rapport à nous.

PHYSIQUE EN JEU

UTILISÉ PAR LES STATIONS MÉTÉO, LE RADAR DOPPLER ÉMET DES ONDES ET CALCULE LEURS CHANGEMENTS DE FRÉQUENCES LORSQU'ELLES REBONDISSENT SUR LES PHÉNOMÈNES MÉTÉOROLOGIQUES (PLUIE OU NEIGE). CE SYSTÈME PERMET DE DÉTERMINER SI UN PHÉNOMÈNE S'APPROCHE OU S'ÉLOIGNE.

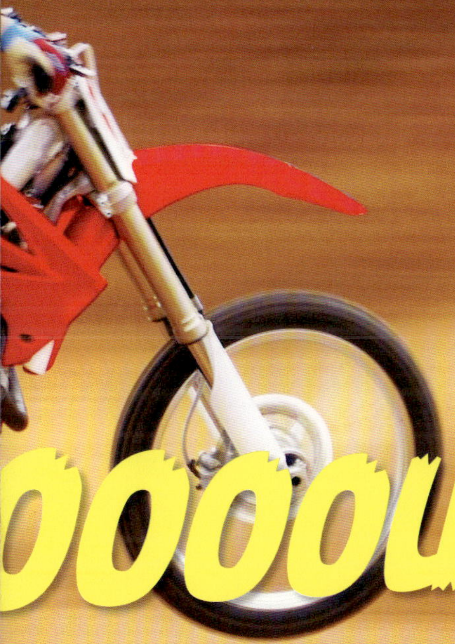

VOIR DANS LE NOIR

Peut-on voir dans une pièce sombre ? Au début, on ne distingue rien, mais notre vision s'adapte et la présence d'une source de lumière, même très faible, nous permet de voir. Bien sûr, on voit moins bien que dans une pièce éclairée, mais il y a presque toujours assez de lumière pour distinguer ce qui nous entoure. Cette lumière vient du réveil,

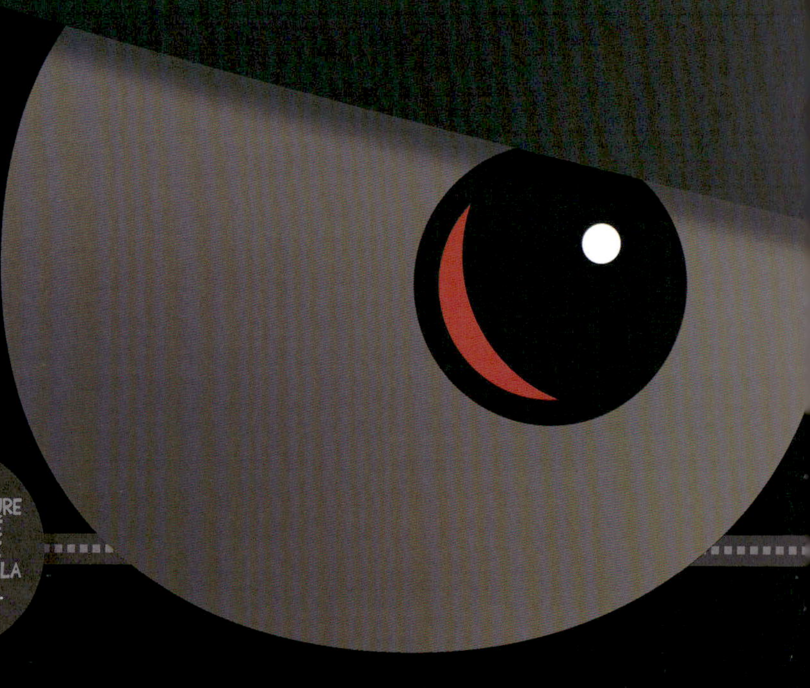

TRÈS PHYSIQUE

L'UNITÉ DE MESURE DE L'INTENSITÉ D'UNE SOURCE LUMINEUSE EST LA CANDELA (CD).

de la rue ou même des étoiles, qui donnent un peu d'éclairage à travers les fenêtres. En revanche, si l'obscurité est totale, au fond d'une grotte par exemple, on ne peut rien voir du tout! Sans lumière, pas de vision.

COMMENT LES ANIMAUX FONT-ILS POUR VOIR DANS LE NOIR ?

Les animaux nocturnes ont souvent de grands yeux, ce qui leur permet de recueillir plus de lumière et de mieux voir ce qui les entoure. Qu'en est-il des chauves-souris dans les grottes, où l'obscurité peut être totale ? Elles volent dans le noir et chassent grâce aux échos de leurs cris, comme les dauphins dans l'eau.

Que voit-on dans l'obscurité totale ? Du noir !

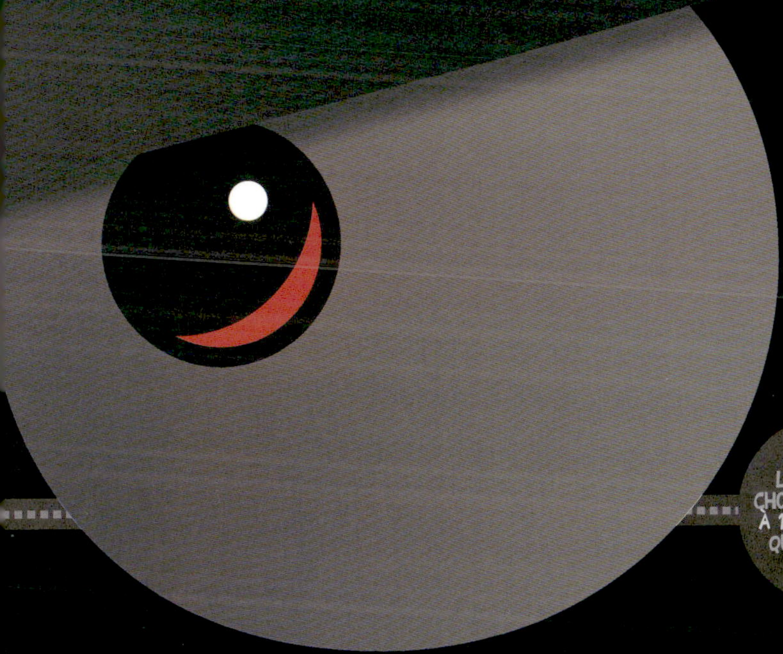

LA NUIT, UNE CHOUETTE VOIT 35 À 100 FOIS MIEUX QU'UN HUMAIN.

UNE PETITE CHANDELLE BRILLE AVEC UNE **LUMINOSITÉ** D'ENVIRON 1 CANDELA.

LUMIÈRE INFRAROUGE

Pour que l'on puisse voir les objets, il faut que ceux-ci reflètent la lumière. Mais qu'en est-il d'une lampe allumée ? Elle ne réfléchit pas de lumière, elle en émet : elle crée sa propre lumière. Il s'avère que tous les objets émettent de la lumière, même nous ! Cependant cette lumière n'est pas toujours visible. Si sa longueur d'onde est plus grande que celle de la lumière rouge, nos yeux ne la détectent pas. On appelle cette lumière « infrarouge ». Si elle n'est pas visible à l'œil nu, on peut tout de même la repérer avec une caméra spéciale.

QU'A LA LUMIÈRE INFRAROUGE DE SI PARTICULIER ?

La plupart des objets que nous voyons (grâce à la lumière qu'ils reflètent) émettent eux-mêmes une lumière infrarouge. La couleur de la lumière émise par un objet dépend de sa température. Ainsi, mesurer la lumière infrarouge de quelque chose nous renseigne sur sa température. C'est ainsi que fonctionnent certains thermomètres.

Si un objet est vraiment chaud, la lumière qu'il émet devient visible, apparaissant d'abord sous une couleur rouge, comme celle d'une plaque électrique. Si sa température continue d'augmenter, il deviendra bleu ou blanc.

TRÈS PHYSIQUE

- UNE TÉLÉCOMMANDE ÉMET DES ONDES PROCHES DE L'INFRAROUGE.
- CERTAINS RESTAURANTS RAPIDES ONT DES LAMPES À INFRAROUGES POUR GARDER CHAUDS LES ALIMENTS.
- LES SERPENTS DE LA FAMILLE DES CROTALES DÉTECTENT LES INFRAROUGES DE LEURS PROIES À SANG CHAUD.
- NOUS ÉMETTONS DES INFRAROUGES D'UNE LONGUEUR D'ONDE DE 0.01 MILLIMÈTRE.

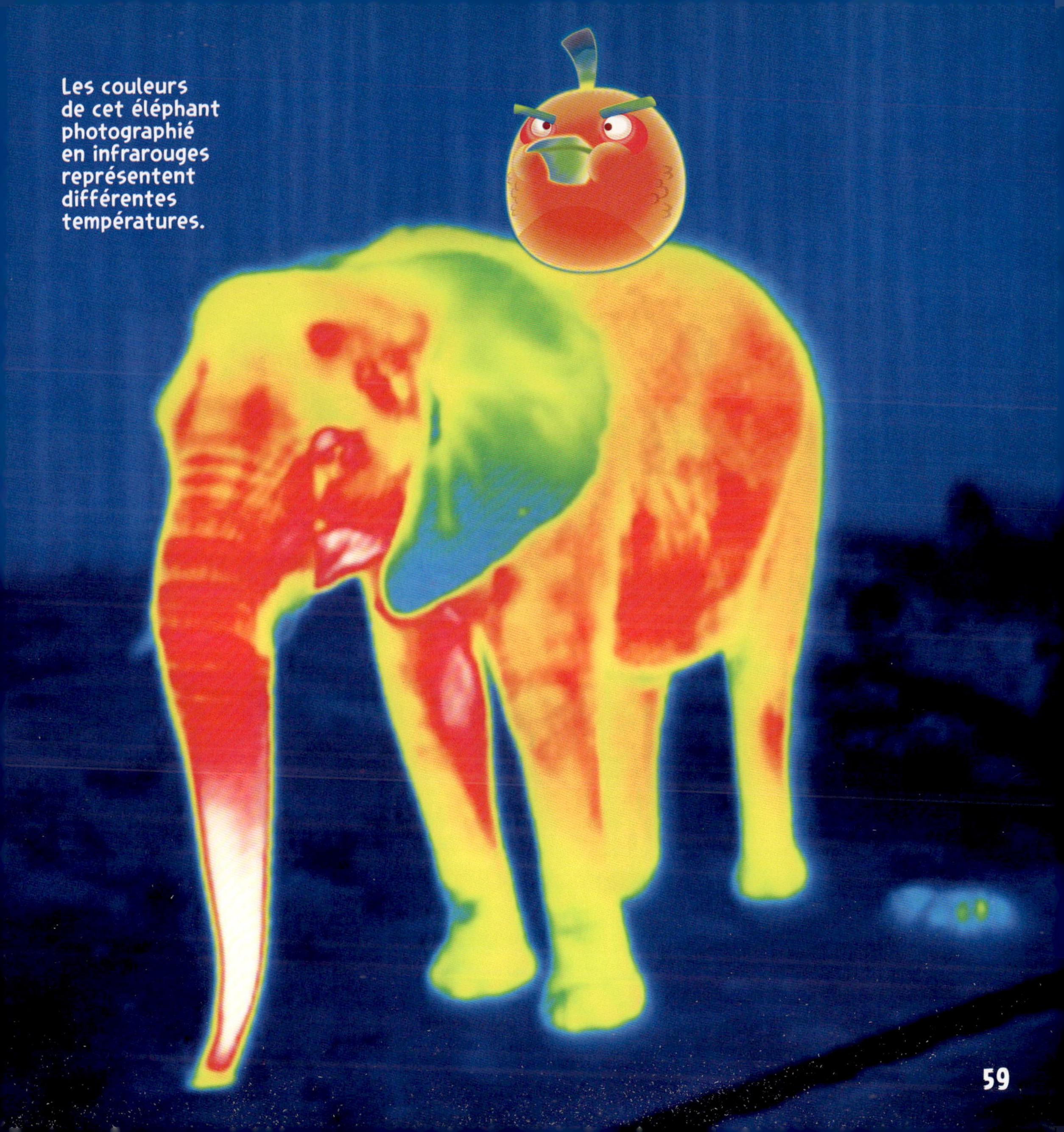

Les couleurs de cet éléphant photographié en infrarouges représentent différentes températures.

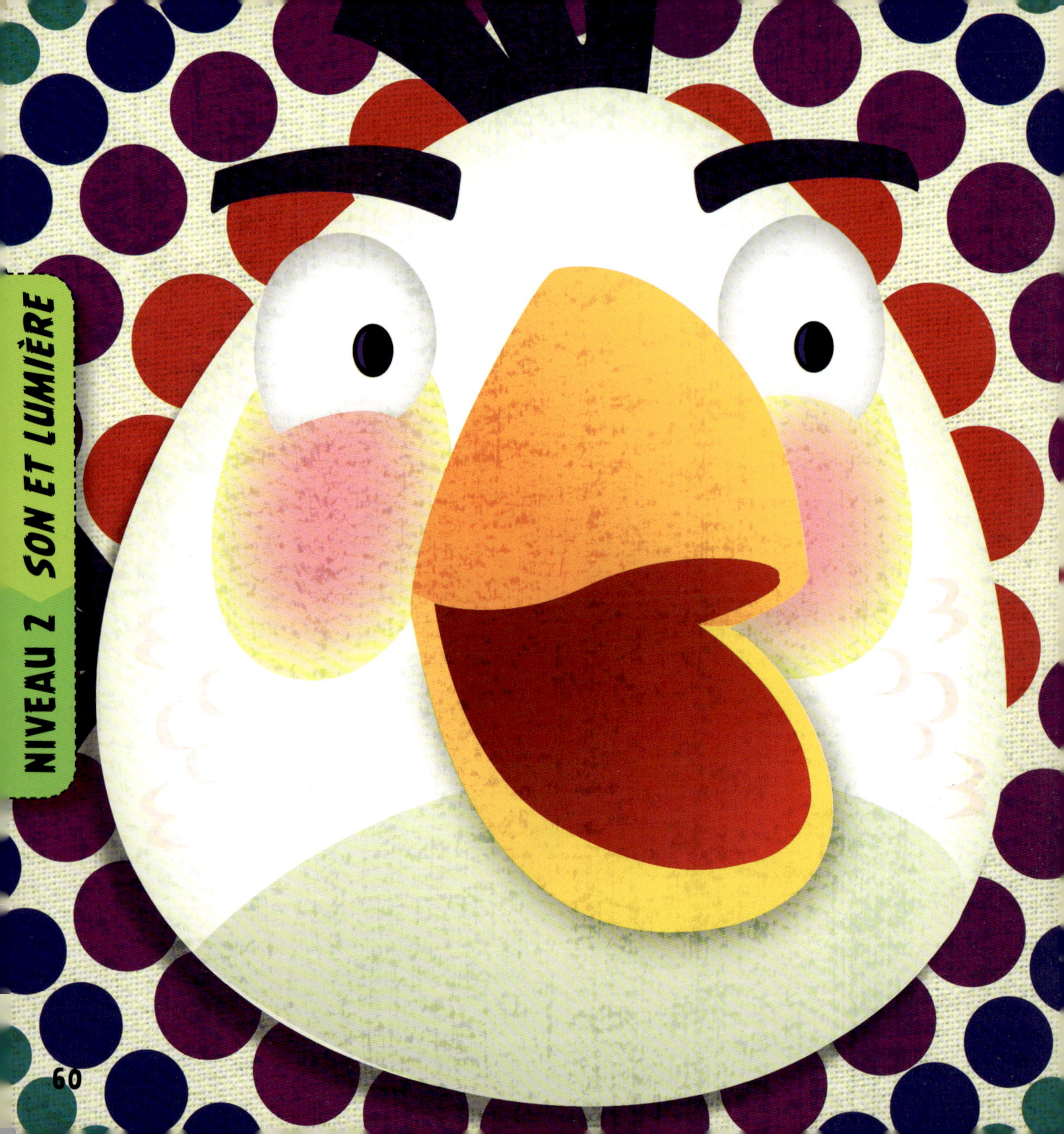

MATHILDE

RAYONNER AVANT DE SE FÂCHER

Paix, amour et vers de terre : c'est tout ce dont Mathilde a besoin pour se sentir heureuse et il en faut beaucoup pour hérisser ses plumes d'un blanc pur. Oui, mais ces cochons gaspilleurs finissent toujours par l'enrager ! Bien qu'elle ait foi en un monde harmonieux, Mathilde sait se montrer agressive. Elle est convaincue que les ondes lumineuses lui procurent de l'énergie et trouve l'inspiration dans chaque rayon. Son pouvoir réfléchissant est si fort qu'elle illumine la forêt.

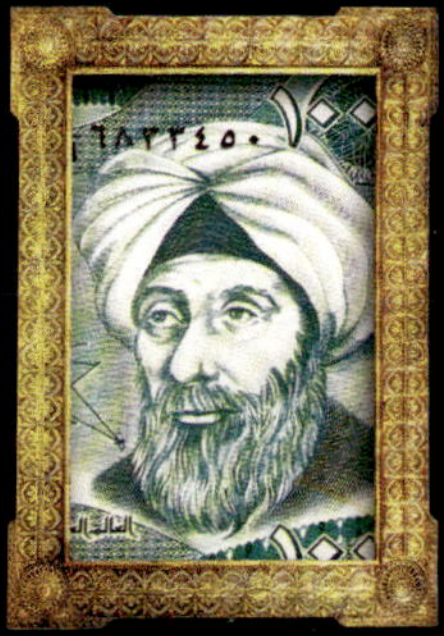

ALHAZEN

$$n_1 \sin\theta_1 = n_2 \sin\theta_2$$

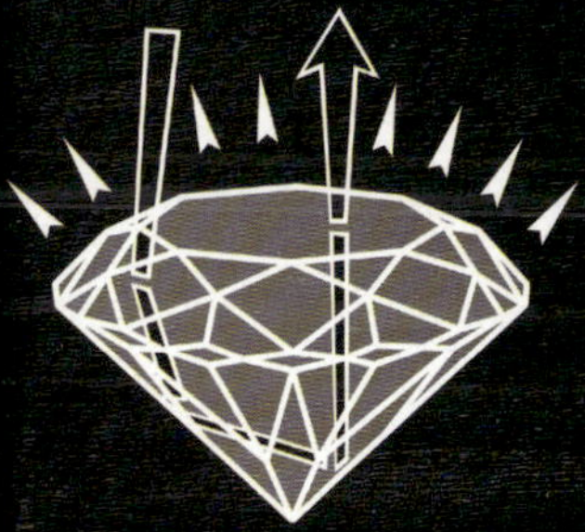

NOM : MATHILDE

CE QUI LA FAIT BOUGER : COMME UNE ONDE LUMINEUSE, MATHILDE SUIT LE MOUVEMENT ; ELLE CHANGE ET S'ADAPTE À SON ENVIRONNEMENT

STRATÉGIE FAVORITE : GARDER SON CALME

PHYSIQUE EN JEU: LORSQU'UNE ONDE LUMINEUSE PASSE LA FRONTIÈRE ENTRE DEUX MILIEUX DIFFÉRENTS, COMME L'EAU ET LE VERRE, LA LOI DE SNELL-DESCARTES DÉCRIT LA RELATION ENTRE LES ANGLES D'INCIDENCE ET DE RÉFRACTION.

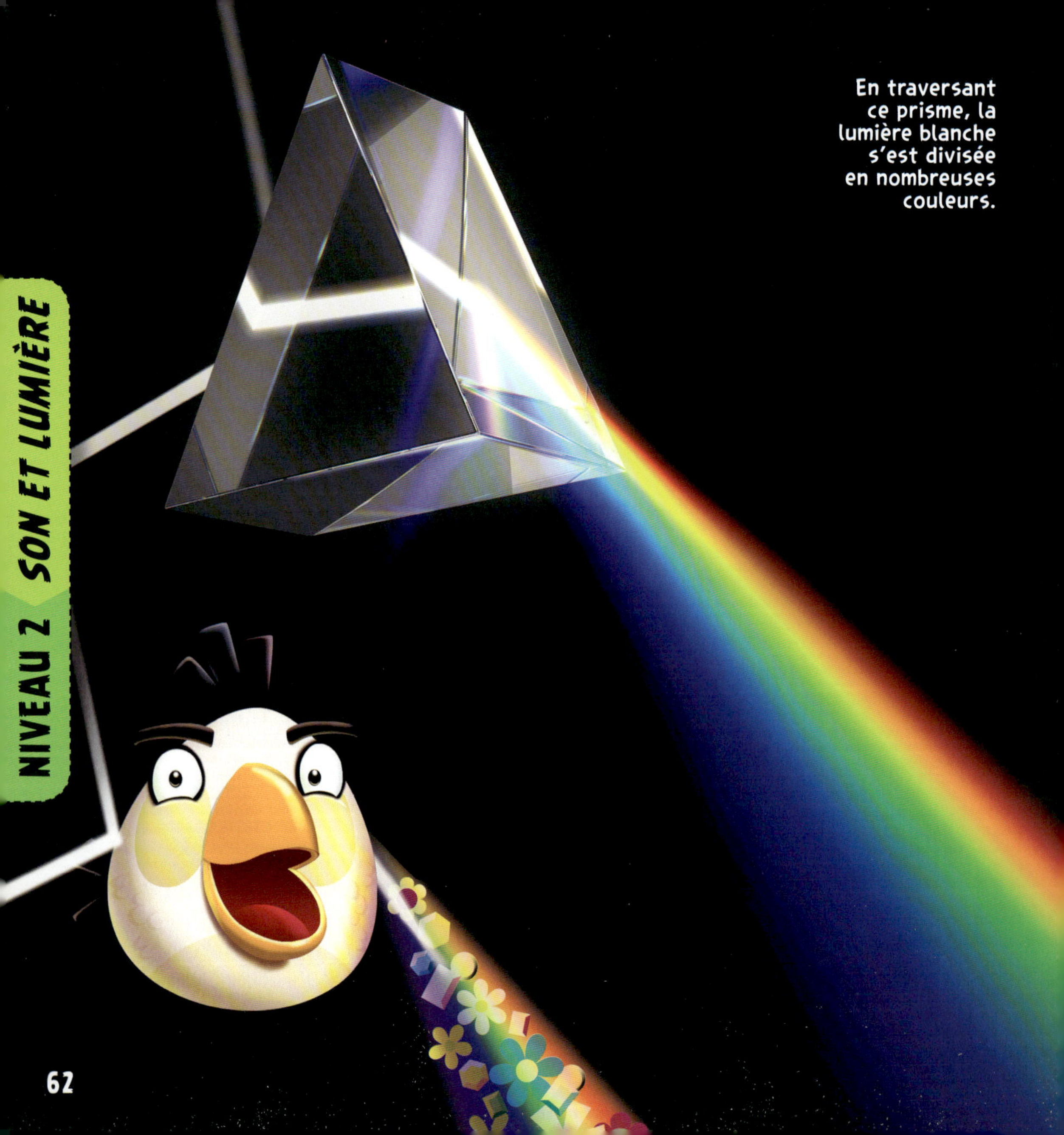

En traversant ce prisme, la lumière blanche s'est divisée en nombreuses couleurs.

DÉCOMPOSER LA LUMIÈRE

Lorsqu'une lumière blanche traverse du verre, elle est déviée. Mais elle est composée de couleurs qui ne sont pas déviées de la même façon. Si le verre est taillé en forme de prisme (comme sur la photo), la lumière blanche se décompose en toutes les couleurs de l'arc-en-ciel : on voit distinctement le rouge, l'orange, le jaune, le vert, le bleu et le violet mais, d'une couleur à l'autre, le faisceau lumineux passe par d'autres couleurs.

POURQUOI UNE POMME ROUGE APPARAÎT-ELLE ROUGE ?

Si vous braquez une lumière blanche sur une pomme, celle-ci absorbe toutes les couleurs, sauf le rouge. Ainsi, seuls les rayons rouges sont renvoyés vers notre œil, puisque les autres sont absorbés, et la pomme nous apparaît rouge. Mais quelle couleur aurait-elle sous une lumière bleue ? La pomme absorberait les rayons bleus mais, en l'absence de rouges, ne réfléchirait *aucune* couleur : nous la verrions noire.

TRÈS PHYSIQUE

LA LONGUEUR D'ONDE DE LA LUMIÈRE VISIBLE EST MESURÉE EN NANOMÈTRES : IL Y A UN MILLIARD DE NANOMÈTRES DANS UN MÈTRE.

LA LONGUEUR D'ONDE DE LA LUMIÈRE ROUGE EST D'ENVIRON 650 NANOMÈTRES.

LA LONGUEUR D'ONDE DE LA LUMIÈRE VIOLETTE EST D'ENVIRON 400 NANOMÈTRES.

ON DIVISE LA LUMIÈRE BLANCHE EN COULEURS FONDAMENTALES AVEC UN PRISME OU UN RÉSEAU DE DIFFRACTION.

ARC-EN-CIEL

Croyez-le ou non, les arcs-en-ciel sont créés par la lumière et de petites gouttes d'eau, et non par de la poussière de licorne! En traversant ces gouttelettes, la lumière change de direction : elle est réfractée. Comme on l'a vu page précédente, les couleurs sont réfractées différemment les unes des autres.

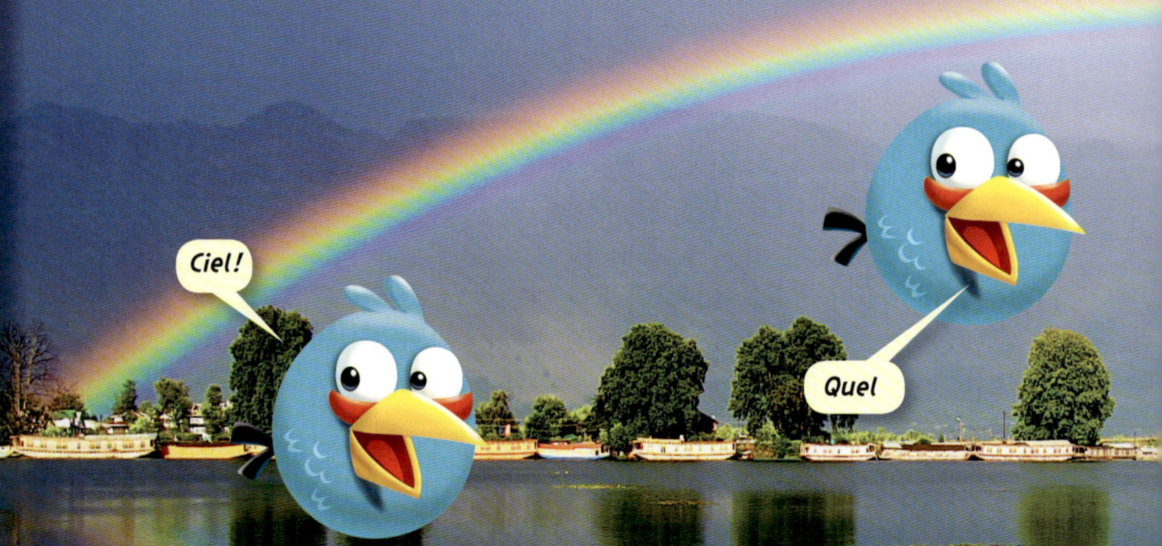

On voit souvent des arcs-en-ciel après les averses car ils se forment quand la lumière traverse des gouttes d'eau.

Décomposée en toutes ses couleurs, la lumière est renvoyée par les gouttes d'eau : c'est ce que l'on observe sous la forme d'un arc-en-ciel.

LES ARCS-EN-CIEL N'EXISTENT-ILS QUE DANS LE CIEL ?

Vous pouvez créer un arc-en-ciel dans un jardin, il suffit d'avoir un tuyau d'arrosage qui puisse faire de la brume. Placez-vous dans une partie ensoleillée et demandez à un ami de projeter un nuage d'eau. Regardez cette brume de différents endroits jusqu'à ce que vous distinguiez les couleurs de l'arc-en-ciel.

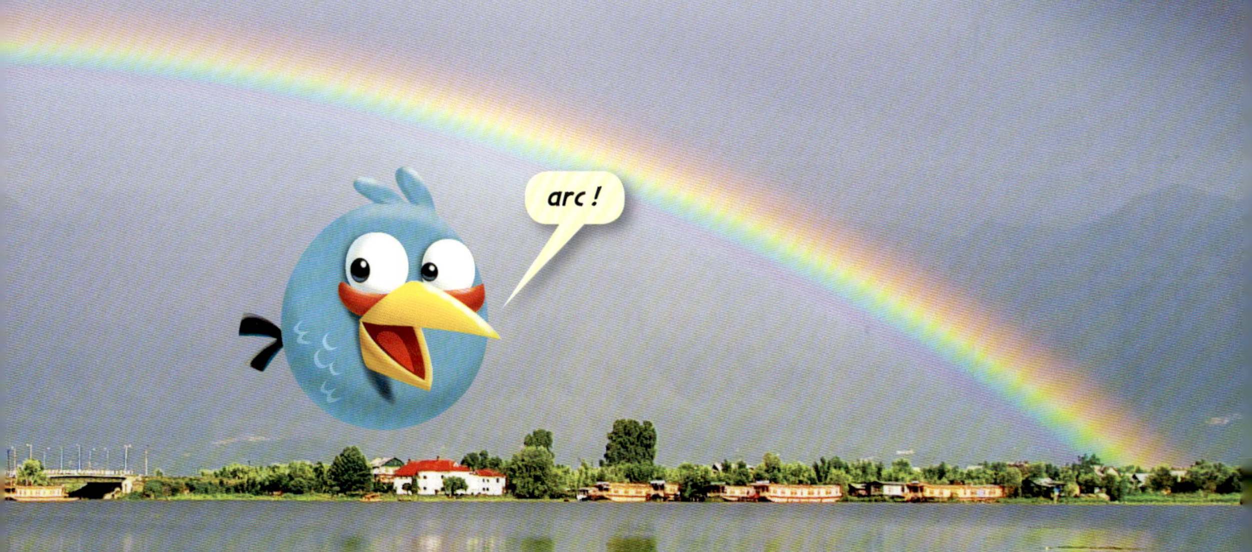

TRÈS PHYSIQUE

- UN PARHÉLIE EST UN AUTRE PHÉNOMÈNE OPTIQUE DÛ À DES CRISTAUX DE GLACE DANS L'AIR : UN POINT LUMINEUX DE CHAQUE CÔTÉ DU SOLEIL.
- QUAND ELLE ATTEINT L'EAU, LA LUMIÈRE EST RÉFRACTÉE ET RÉFLÉCHIE.
- DANS CERTAINES CONDITIONS, ON VOIT UN DOUBLE ARC-EN-CIEL.
- UN TÉLESCOPE CONCENTRE LA LUMIÈRE EN LA RÉFLÉCHISSANT SUR UN MIROIR OU EN LA RÉFRACTANT AVEC UNE LENTILLE.

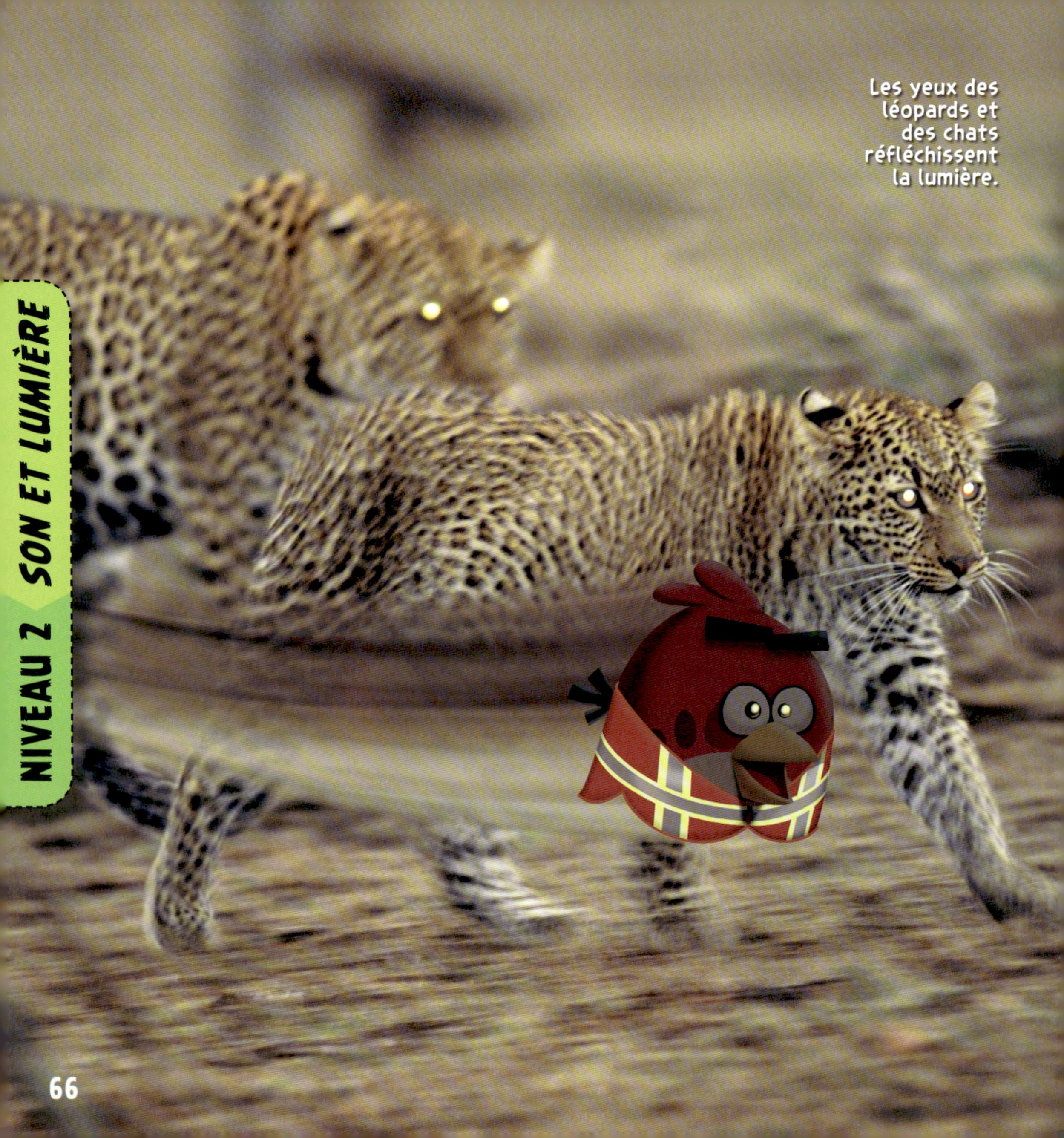

Les yeux des léopards et des chats réfléchissent la lumière.

RÉFLÉCHIR LA LUMIÈRE

Quand on conduit la nuit sur une route mouillée, il est difficile de bien la distinguer. En effet, pour que les objets soient visibles, il faut qu'ils réfléchissent la lumière, qu'ils la renvoient jusqu'à notre œil.
En général, la lumière est renvoyée dans toutes les directions. Mais quand il s'agit d'objets réfléchissants, comme une route mouillée, la lumière est renvoyée dans une seule direction et une faible portion parvient jusqu'à notre œil.

COMMENT POUVONS-NOUS RENDRE LES CHOSES PLUS VISIBLES DANS LE NOIR ?

Pour bien voir les objets, il faut qu'ils réfléchissent la lumière dans la bonne direction, c'est-à-dire celle d'où elle provient : par exemple vers la voiture dont les phares éclairent les objets. C'est ce que font les miroirs. Cependant si l'on n'est pas en face d'un miroir, la lumière qu'on émet est réfléchie dans une autre direction (c'est ce qui se passe sur la route mouillée).

Comment rendre une route plus visible la nuit ? Une solution consiste à utiliser des catadioptres : contrairement aux miroirs, les catadioptres réfléchissent toujours la lumière dans la direction d'où elle provient, qu'elle vienne d'en face ou d'ailleurs.

TRÈS PHYSIQUE

- LES CHAUSSURES DE COURSE SONT SOUVENT ÉQUIPÉES DE CATADIOPTRES.
- DES DISPOSITIFS RÉFLÉCHISSANTS RENDENT LES PETITS NAVIRES PLUS VISIBLES AU RADAR.
- ON A INSTALLÉ UN CATADIOPTRE SUR LA LUNE POUR MESURER LA DISTANCE QUI LA SÉPARE DE LA TERRE.
- ON COLLE DES BANDES RÉFLÉCHISSANTES POUR RENDRE LES OBJETS PLUS VISIBLES LA NUIT.

NIVEAU 3 LA THERMODYNAMIQUE

Étude de la chaleur
et de sa transformation
en énergie mécanique

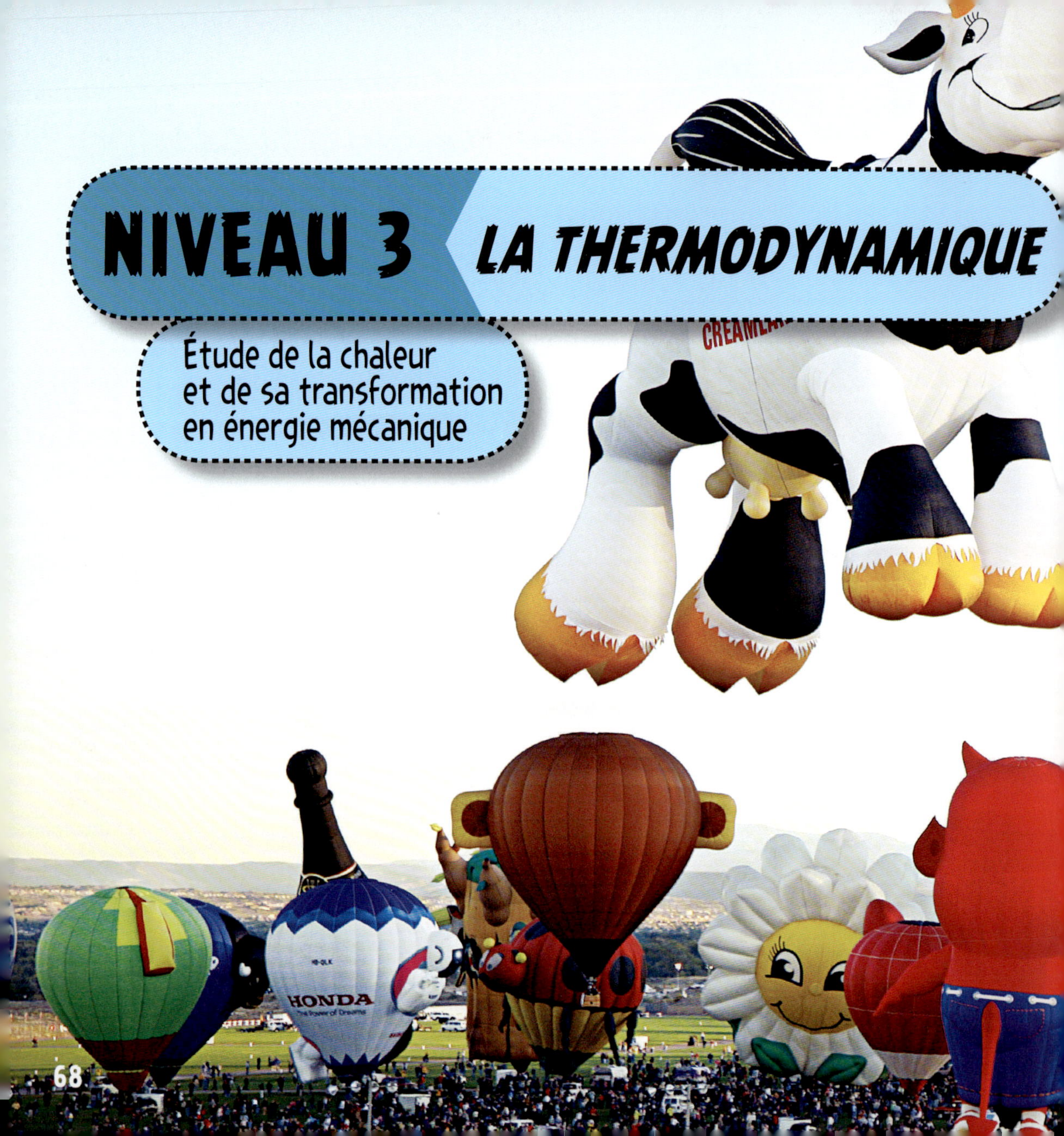

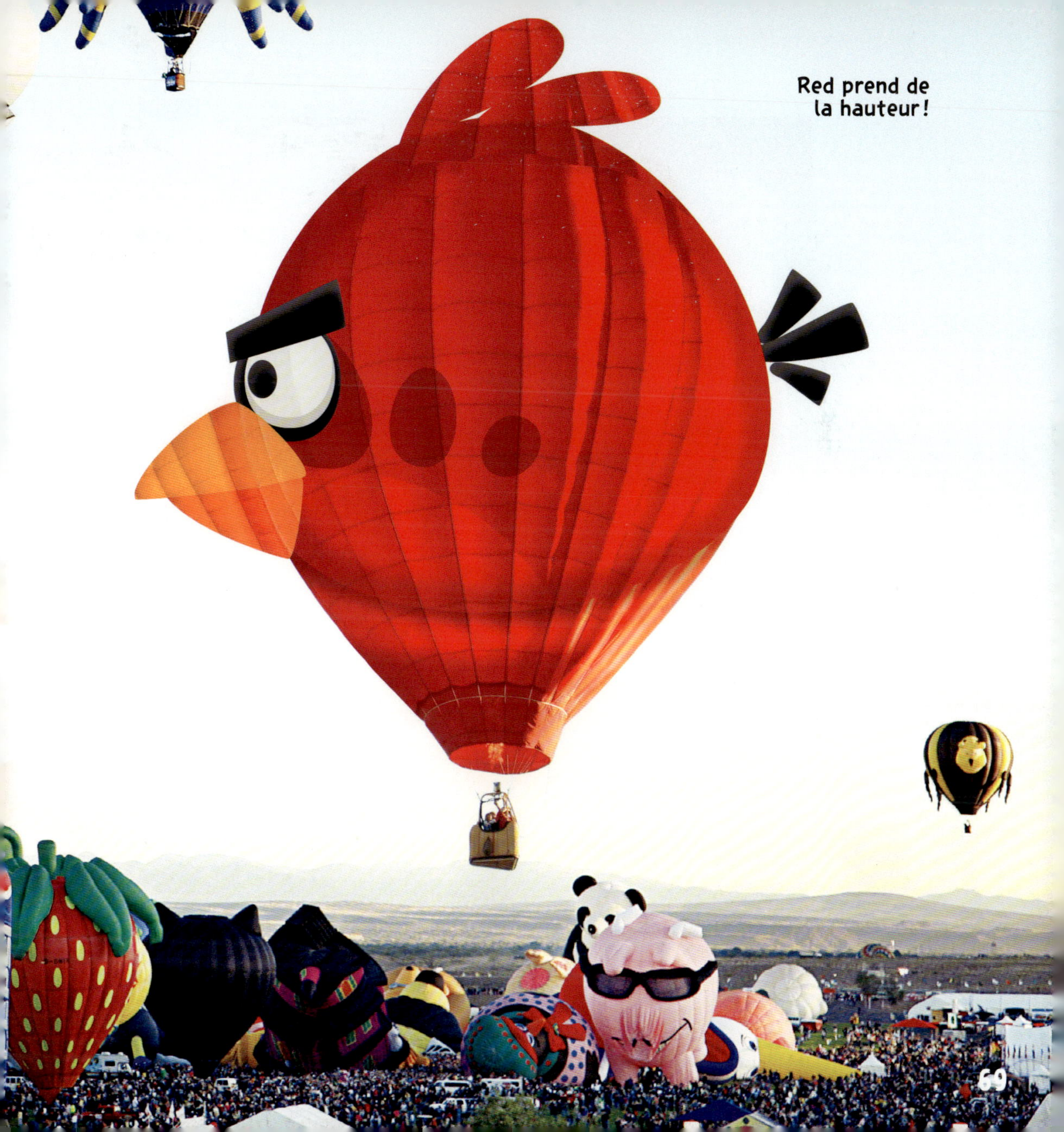

Red prend de
la hauteur !

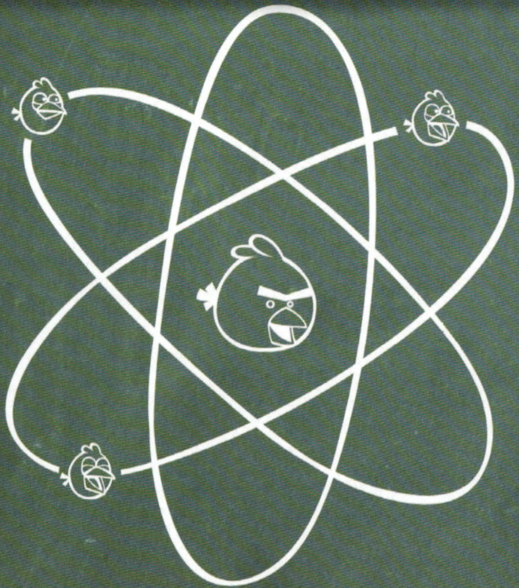

PHYSIQUE EN JEU

PRENEZ UN PEU DE SEL ET OBSERVEZ LE PLUS PETIT GRAIN. IL EST MINUSCULE, MAIS IL EST FORMÉ D'UN MILLIARD DE MILLIARDS D'ATOMES (10^{18}) !

QU'EST-CE QUE LA MATIÈRE ?

Est-il possible de casser indéfiniment une pierre pour obtenir des morceaux de plus en plus petits ? La réponse est non. À un certain stade, les fragments seront extrêmement petits et pratiquement incassables : ce seront des atomes, que l'on peut considérer comme des « briques fondamentales ». Un homme, une maison, une fleur, un microbe sont constitués d'un très grand nombre d'atomes. Ils sont invisibles à l'œil nu : il en faudrait plus de mille milliards de milliards pour couvrir une pointe d'épingle ! Les atomes sont très durs à casser, mais on peut le faire en laboratoire. On remarque alors qu'ils sont composés d'éléments encore plus petits : les protons, les électrons et les neutrons. Les atomes peuvent aussi s'associer pour former des molécules.

LES ÉTATS DE LA MATIÈRE

Imaginons que la matière soit constituée de minuscules petites balles.

Prenons l'exemple de l'eau. Comme beaucoup de substances, l'eau peut être dans trois états : solide, liquide ou gazeux. À température ambiante, elle est liquide. S'il était possible d'observer les molécules d'eau (les petites balles), vous pourriez les voir tourner les unes autour des autres, tout en restant groupées. Si vous faites chauffer l'eau jusqu'à ébullition, elle se transforme en vapeur et en gaz. Dans cet état, les molécules bougent beaucoup plus rapidement et s'éloignent les unes des autres. Au contraire, si vous refroidissez l'eau, elle gèle et devient solide. Dans ce cas, les molécules sont très, très proches les unes des autres et ne bougent presque plus.

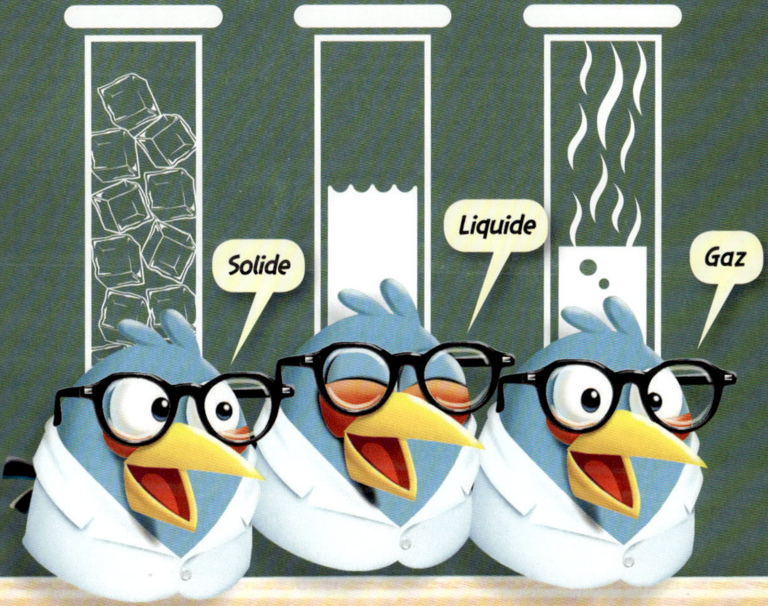

TEMPÉRATURE

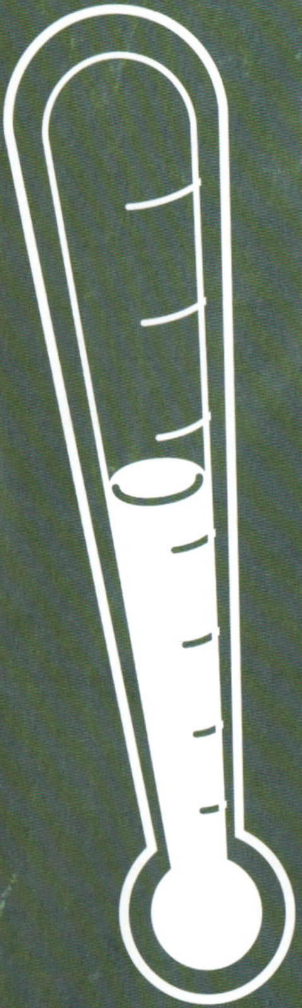

Quelle est la différence entre l'eau froide et l'eau chaude ? Les molécules sont exactement les mêmes, que l'eau soit chaude ou froide. La principale différence réside dans leur mouvement : les molécules d'eau chaude se déplacent davantage et sont plus rapides. C'est une observation générale : les molécules (nos fameuses petites balles) bougent plus rapidement à température élevée.

Prenez un soda froid et posez-le sur une table chaude. La table et le soda n'ont pas la même température, ils n'ont pas la même énergie. Les molécules de la table sont plus agitées que celles du soda. Mais, au bout d'un moment, la table et le soda se stabilisent à la même température. La table a transmis une partie de sa température, de son énergie, au soda.

Quand deux objets en contact sont à la même température, on dit qu'ils sont en équilibre thermique. C'est ainsi que fonctionne un thermomètre : placez-le quelque part, par exemple dans de l'eau, et en peu de temps, il atteindra la même température.

Il est impossible de transférer la chaleur d'un objet vers un autre objet plus chaud sans l'aide d'un agent extérieur.

– RUDOLF CLAUSIUS,
PHYSICIEN ALLEMAND (1822-1888)

PRESSION, VOLUME ET TEMPÉRATURE

La définition du volume est simple : il s'agit de l'espace occupé par un objet. Mais quand cet objet est un gaz, cela se complique. En effet, comme un gaz tend à prendre tout l'espace disponible, son volume varie... en fonction du récipient d'accueil ! La notion de pression est plus compliquée à comprendre ; on la confond souvent avec une force. Poussez un mur avec votre main ouverte puis avec un seul doigt, en exerçant exactement la même force. La zone de contact du doigt étant plus petite, la pression exercée sera plus grande. Les gaz exercent aussi une pression sur les surfaces. Cette pression peut être matérialisée par le rebondissement de nos « petites balles » sur les parois du récipient. Si vous augmentez la température du gaz, les balles se déplacent plus vite, les collisions seront plus nombreuses et plus énergiques, ce qui fera augmenter la pression.

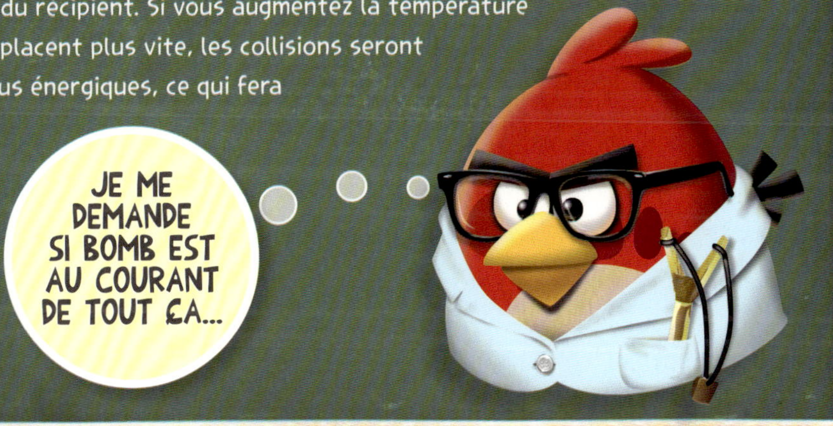

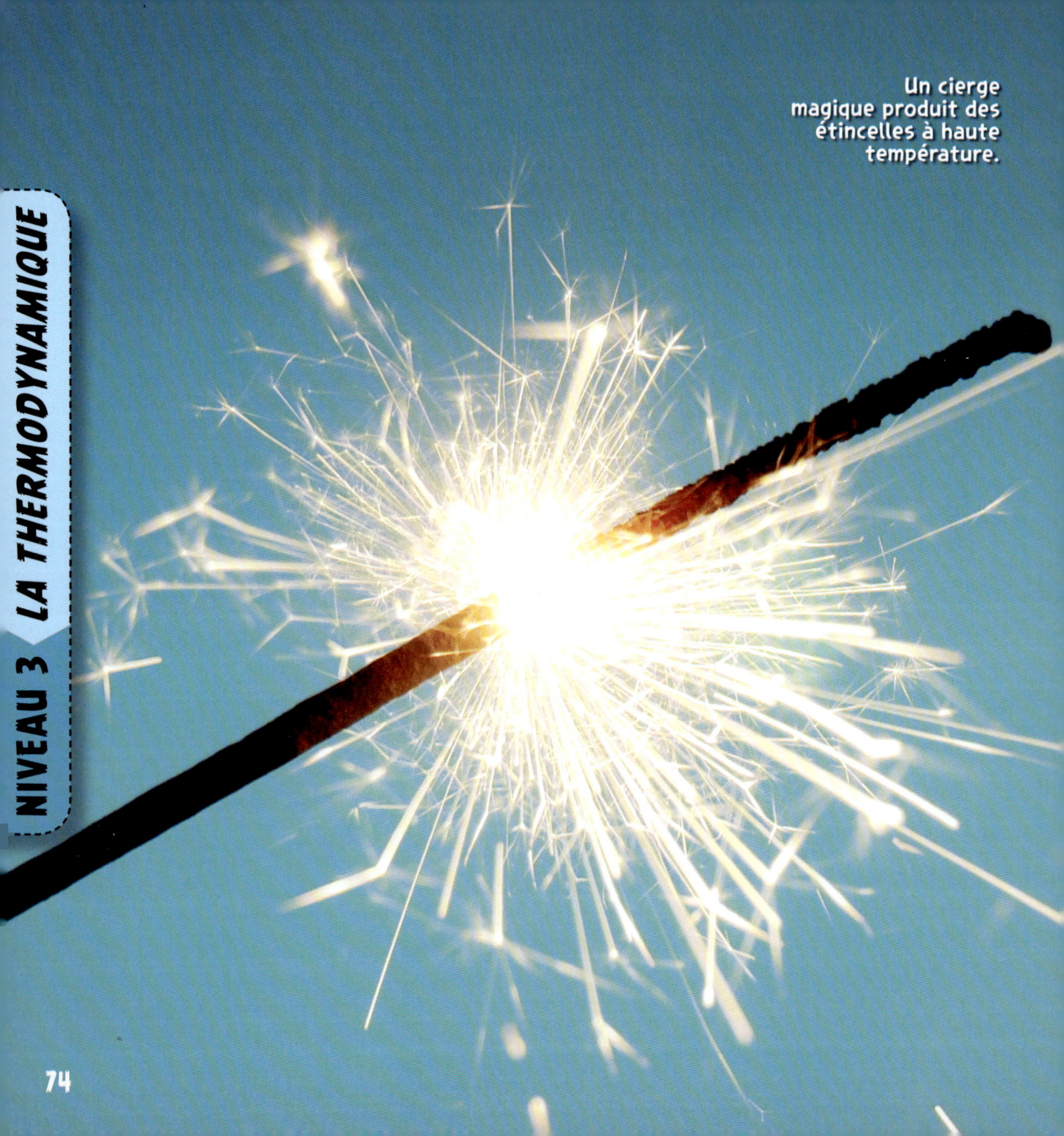

Un cierge magique produit des étincelles à haute température.

ÉNERGIE CONTRE TEMPÉRATURE

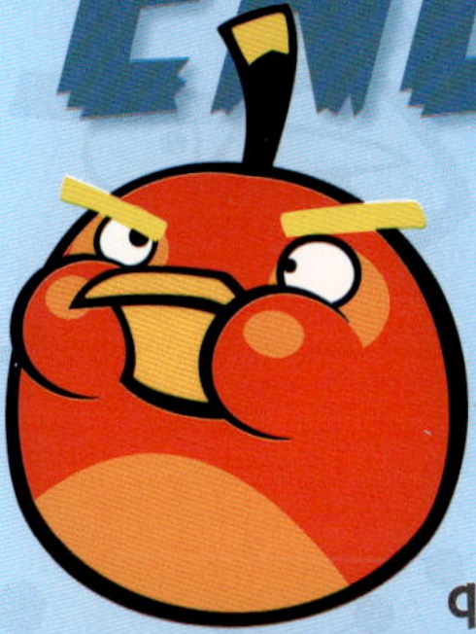

Les objets chauds ont-ils plus d'énergie ? Il semblerait que ce soit le cas. En effet, si les molécules (nos petites balles) bougent plus vite, elles ont plus d'énergie cinétique (énergie liée au mouvement). L'énergie totale d'un objet dépend de sa chaleur, mais aussi du nombre de molécules qu'il contient.

POURQUOI CERTAINS OBJETS CHAUDS NE NOUS BRÛLENT PAS ?

Vous connaissez bien les cierges magiques que l'on allume lors des fêtes. Leurs étincelles sont lumineuses grâce à leur température élevée, voisine des 650 °C. Normalement, ces étincelles devraient nous brûler, mais ce n'est pas le cas. Cela s'explique simplement : la température de ces étincelles est très élevée, mais leur masse est très faible. Chaque étincelle n'a donc qu'une faible quantité d'énergie thermique et il est peu probable qu'elle puisse brûler la peau.

TRÈS PHYSIQUE

L'EAU EST UTILISÉE COMME AGENT REFROIDISSEUR CAR UNE GRANDE QUANTITÉ D'ÉNERGIE EST NÉCESSAIRE POUR LA FAIRE CHANGER DE TEMPÉRATURE.

LE FER FOND À 1540 °C.

LA SURFACE EXTERNE DE LA NAVETTE SPATIALE PEUT ATTEINDRE DES TEMPÉRATURES SUPÉRIEURES À 2760 °C LORS DE SON ENTRÉE DANS L'ATMOSPHÈRE.

IL FAUT PRESQUE QUATRE FOIS PLUS D'ÉNERGIE POUR CHANGER LA TEMPÉRATURE DE L'EAU QUE POUR MODIFIER CELLE D'UNE MASSE ÉQUIVALENTE D'ACIER.

TRANSFERT D'ÉNERGIE THERMIQUE

Quelle température considérons-nous comme froide ? Certainement pas une petite brise à 21 °C par un jour ensoleillé ! Mais, qu'en est-il d'une eau à 21 °C ? C'est une eau froide ! Pourquoi cette différence de sensation entre l'eau et l'air ? Dans les deux cas, notre corps à 37 °C donne de la chaleur, mais l'eau capte cette chaleur 20 fois plus vite.

L'ÉNERGIE VA-T-ELLE UNIQUEMENT DU CHAUD VERS LE FROID ?

À quelle vitesse l'énergie est-elle transférée ? En fait, cela dépend des deux matériaux et de leur différence de température. Plus la différence de température est importante, plus le transfert d'énergie thermique sera rapide. Lorsque deux objets sont en contact, l'énergie thermique passe toujours de l'objet le plus chaud vers le plus froid. C'est le cas, dans notre exemple, du soda frais posé sur la table. L'énergie thermique du soda augmente : elle provient de son environnement plus chaud.

TRÈS PHYSIQUE

1 CALORIE (UNITÉ DE MESURE) = CHALEUR NÉCESSAIRE POUR AUGMENTER DE 1 °C LA TEMPÉRATURE DE 1 G D'EAU.

UNE CACAHUÈTE LIBÈRE 10 000 CALORIES D'ÉNERGIE LORSQU'ELLE EST DIGÉRÉE.

LE GULF STREAM EST UN COURANT CHAUD DE L'OCÉAN ATLANTIQUE QUI REMONTE LES CÔTES D'EUROPE, PUIS LIBÈRE SA CHALEUR ET RÉCHAUFFE L'ATMOSPHÈRE.

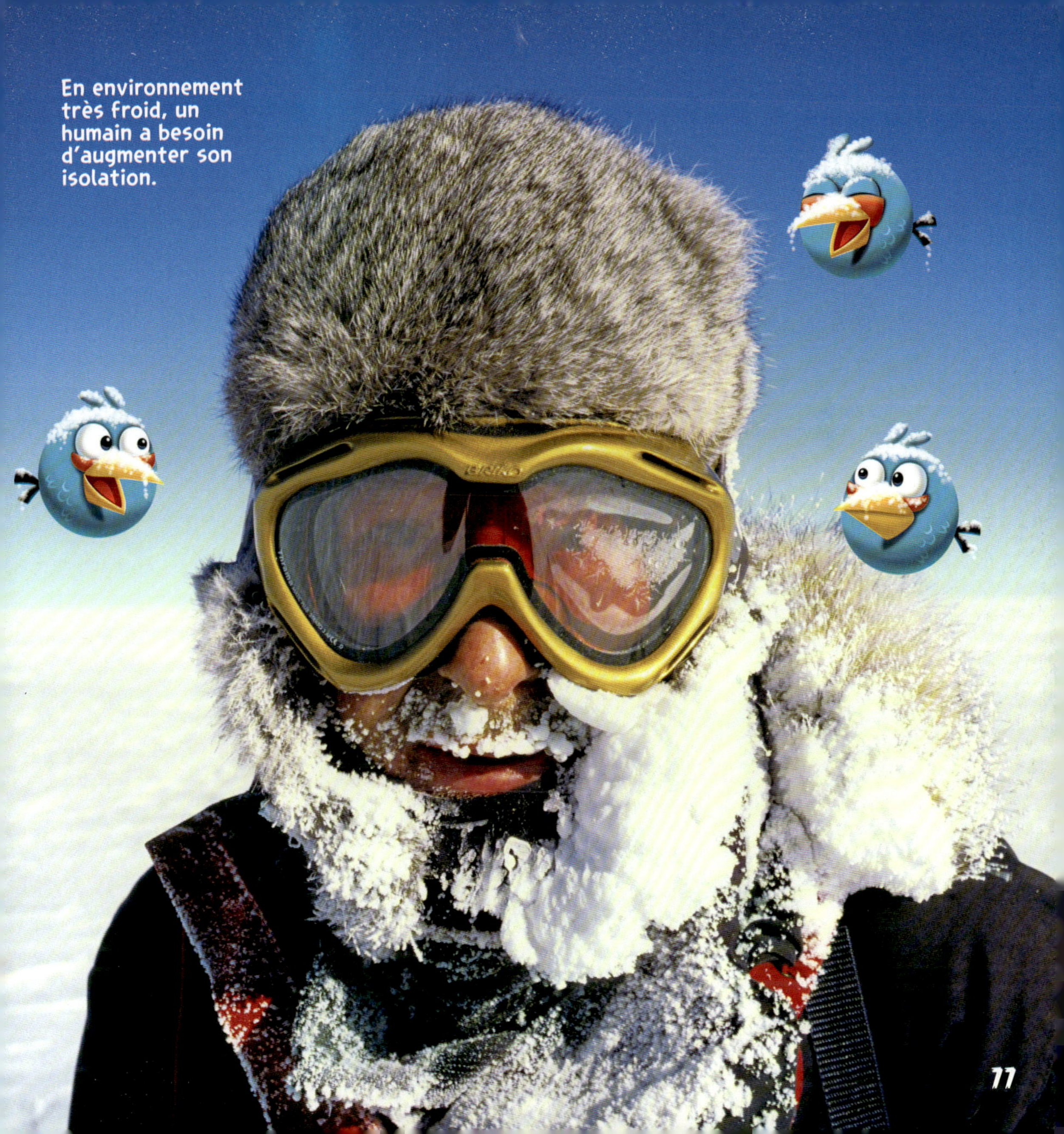

En environnement très froid, un humain a besoin d'augmenter son isolation.

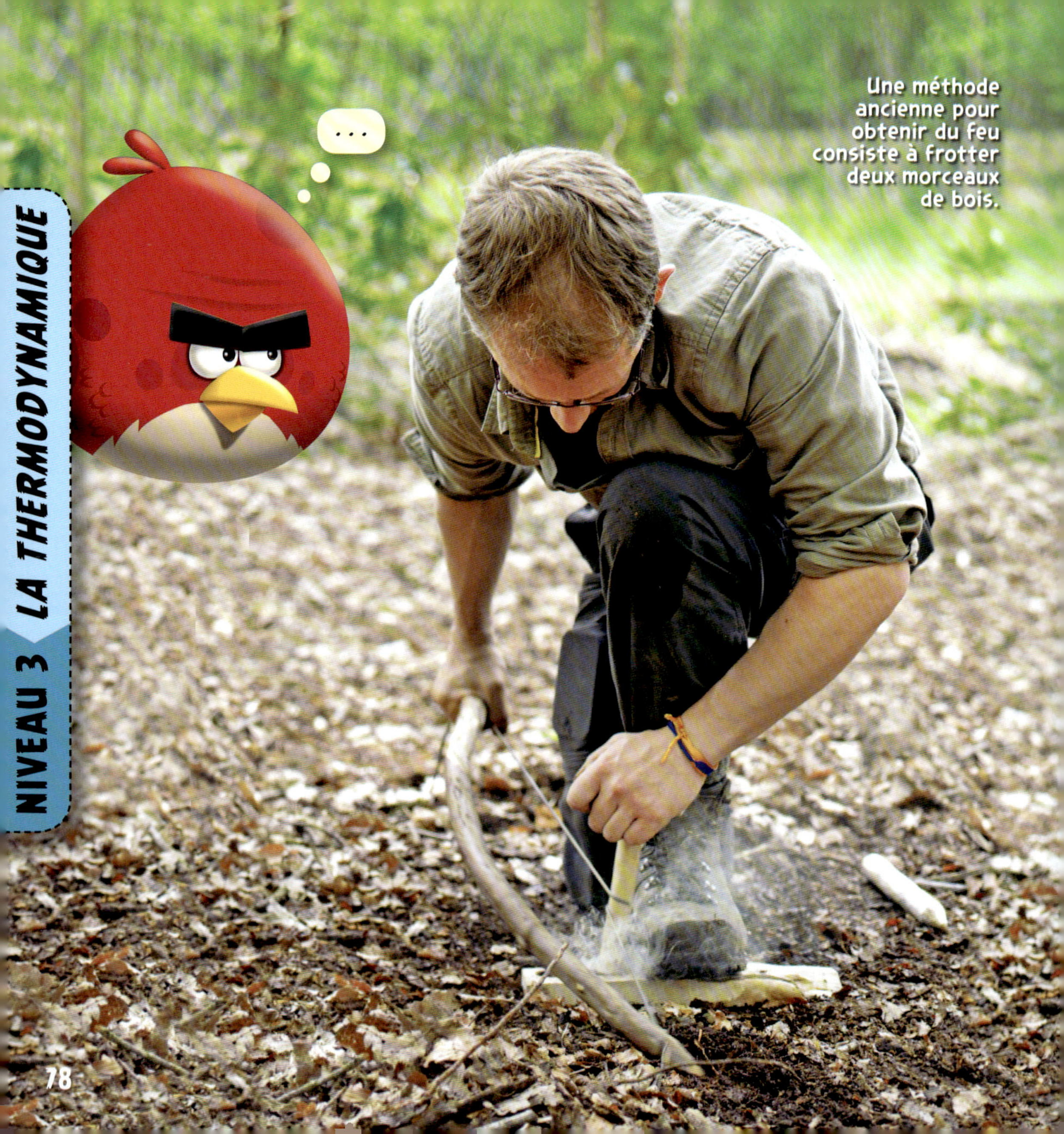

Une méthode ancienne pour obtenir du feu consiste à frotter deux morceaux de bois.

FRICTION & ÉNERGIE THERMIQUE

Un objet mobile a de l'énergie cinétique. Mais que se passe-t-il s'il frotte contre quelque chose qui le ralentit ? L'énergie ne disparaît pas, mais se transforme. Donc lorsqu'un objet ralentit à cause d'une friction, son énergie cinétique diminue, mais son énergie thermique augmente. Il devient plus chaud.

COMMENT FAIRE DU FEU AVEC DEUX BOUTS DE BOIS ?

Quand vous frottez deux morceaux de bois, vous provoquez une interaction appelée friction. Grâce à ce mouvement, la température des deux bouts de bois s'élève progressivement. Si vous réussissez à maintenir une bonne vitesse, pendant assez longtemps, la température augmentera suffisamment pour engendrer un feu.

PHYSIQUE EN JEU

PAS BESOIN DE BOUTS DE BOIS : FROTTEZ SIMPLEMENT VOS MAINS L'UNE CONTRE L'AUTRE TRÈS RAPIDEMENT PUIS PLACEZ-LES SUR VOS JOUES : VOUS DEVEZ SENTIR QU'ELLES SE SONT RÉCHAUFFÉES.

LE FEU

Qu'est-ce que le feu ? Un petit morceau de bois enflammé libère de l'énergie sous deux formes : de la lumière et de la chaleur. Mais d'où provient-elle ? Du bois, qui s'est décomposé lors de la combustion, en libérant l'énergie chimique qui maintenait ensemble ses composants. Les cendres représentent ce qu'il reste du bois après sa décomposition par combustion.

QU'EST-CE QUI DÉTERMINE LA COULEUR D'UNE FLAMME ?

Pourquoi la combustion libère-t-elle de l'énergie lumineuse ? On observe deux types de couleurs de flammes. Dans un feu de bois, la teinte orangée provient de petites particules de suie libérées par le bois. Lorsque cette suie chauffe, elle s'embrase comme n'importe quel objet chaud. Quant au feu d'une cuisinière à gaz, sa température plus haute lui donne sa couleur bleue, sans flamme orange car il n'y a pas de particules de suie.

Et qu'en est-il de la forme de la flamme ? Le feu réchauffe l'air, et l'air chaud monte, ce qui fait aussi pointer la flamme vers le haut. Si vous allumiez une allumette en apesanteur, elle ne serait pas pointue mais ronde : elle s'étendrait dans toutes les directions.

TRÈS PHYSIQUE

LE FEU A BESOIN D'OXYGÈNE, DE COMBUSTIBLE ET DE CHALEUR. SANS L'UN DES TROIS, IL DISPARAÎT.

BRÛLER 1 KG DE CHARBON REVIENT À LIBÉRER 24 MILLIONS DE JOULES.

DANS UNE BOUGIE, C'EST SURTOUT LA CIRE FONDUE QUI BRÛLE, EN IMPRÉGNANT LA MÈCHE.

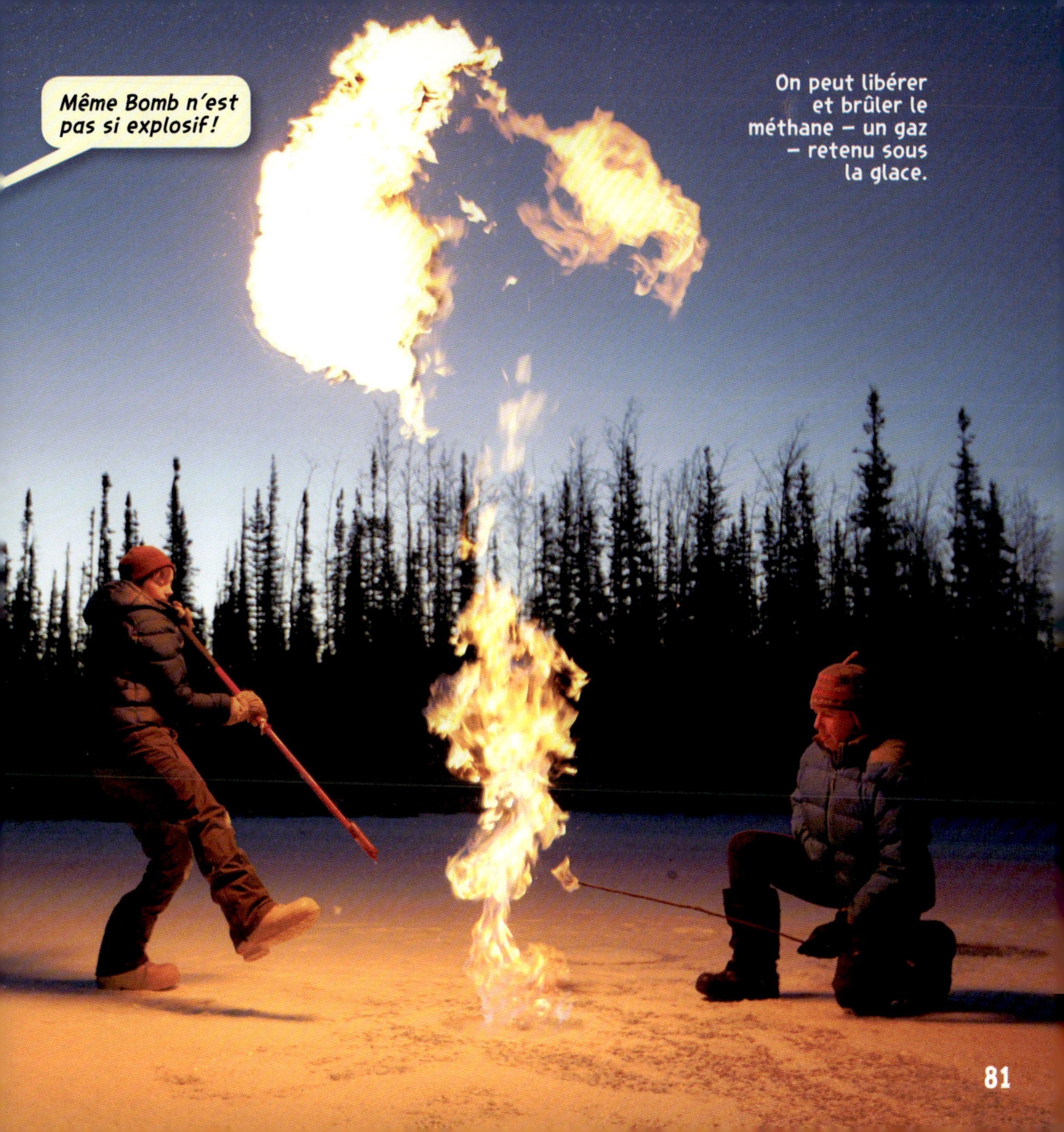
Même Bomb n'est pas si explosif !
On peut libérer et brûler le méthane – un gaz – retenu sous la glace.

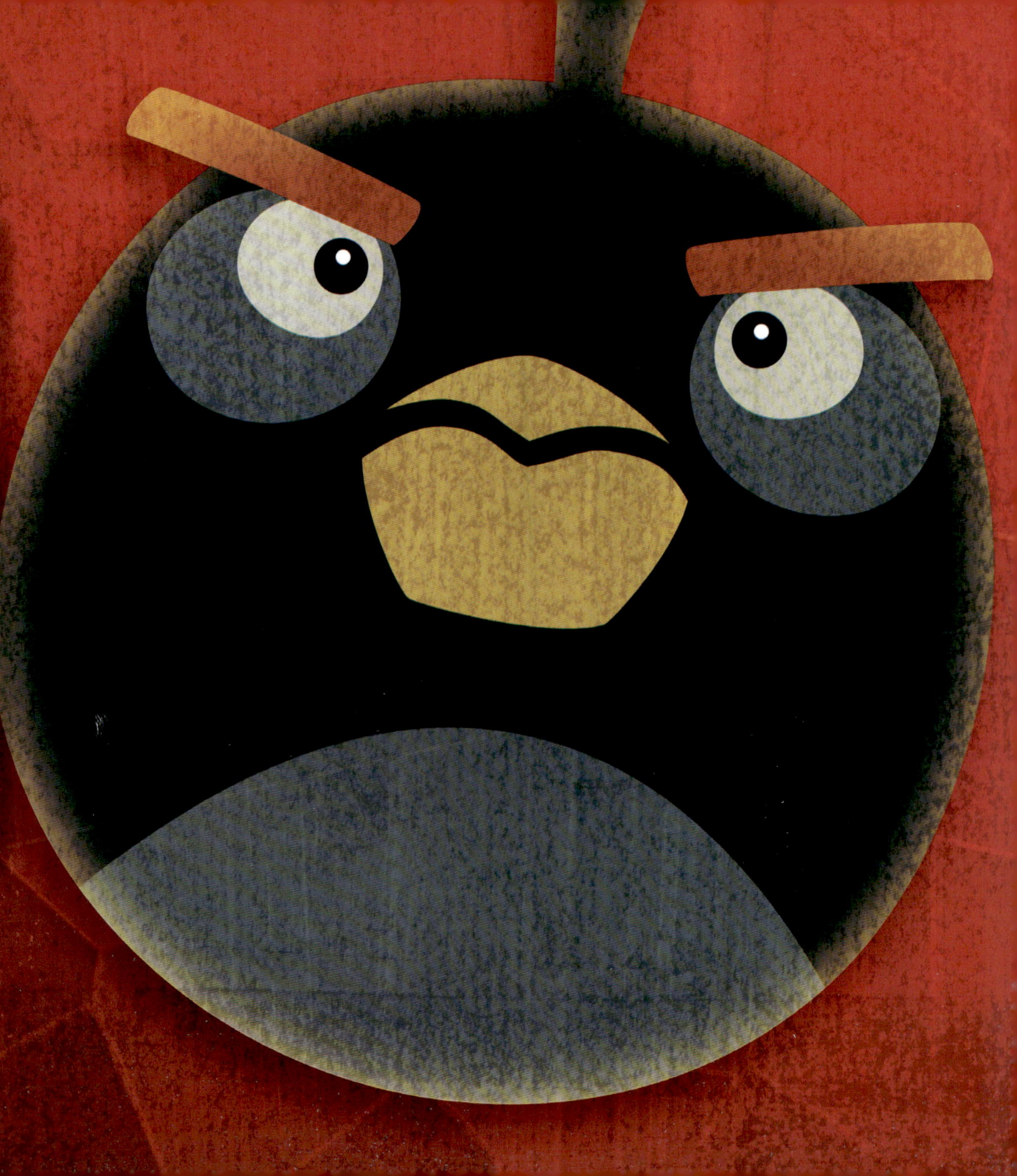

BOMB

L'EFFET D'UNE BOMB !

Que se passerait-il si le moindre faux-pas provoquait votre explosion ? Bomb fait son possible pour rester calme, mais la vue des cochons suffit à l'enflammer et faire bondir sa température. Alors, rien ne peut plus l'arrêter. Il est aussi instable que la nitroglycérine, et ses explosions sont dévastatrices. Bomb est sans doute le meilleur dès qu'il s'agit d'anéantir l'ennemi, mais il lui est difficile de conserver ses amis, du fait de son tempérament fougueux. En effet, mieux vaut demeurer à distance.

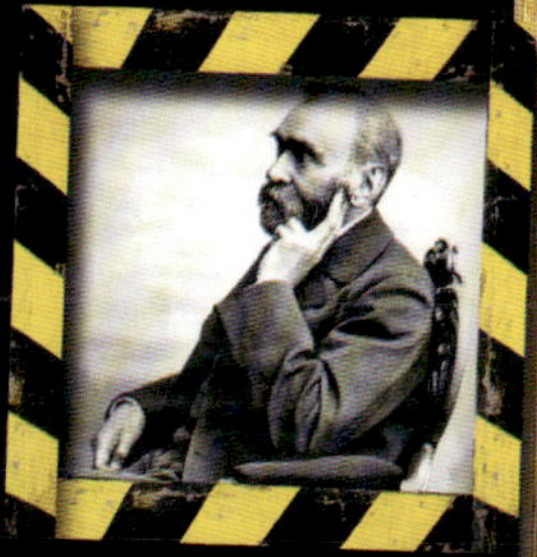

ALFRED NOBEL

$C_3H_5N_3O_9$ (nitroglycérine)

NOM : BOMB

CE QUI LE FAIT BOUGER : LA PRESSION INTERNE

STRATÉGIE FAVORITE : ANÉANTISSEMENT TOTAL

PHYSIQUE EN JEU : UN EXPLOSIF EST UNE SUBSTANCE POUVANT DÉGAGER EN UN TEMPS TRÈS COURT UN GRAND VOLUME DE GAZ BRÛLANT.

LE PLASMA, 4E ÉTAT DE LA MATIÈRE

Prenez de la glace et fournissez de l'énergie pour augmenter sa température : la glace atteindra son point de fusion et deviendra liquide. Si vous continuez, l'eau changera d'état pour devenir vapeur, c'est-à-dire gaz. Solide, liquide, gazeux : 3 états de la matière...

QUE SE PASSE-T-IL SI VOUS CONTINUEZ À CHAUFFER ?

À un certain stade, l'énergie de la vapeur d'eau deviendra si importante que les atomes d'hydrogène et d'oxygène formant la molécule d'eau se sépareront. Il n'y aura donc plus que des atomes indépendants. Mais, même à ce stade, il est encore possible d'augmenter l'énergie. Les électrons des atomes deviendront finalement libres : la vapeur sera alors un plasma.

PHYSIQUE EN JEU

IL EST TRÈS PROBABLE QUE VOUS N'OBSERVIEZ JAMAIS DE PRÈS DES PLASMAS NATURELS, POURTANT TRÈS RÉPANDUS DANS L'UNIVERS !

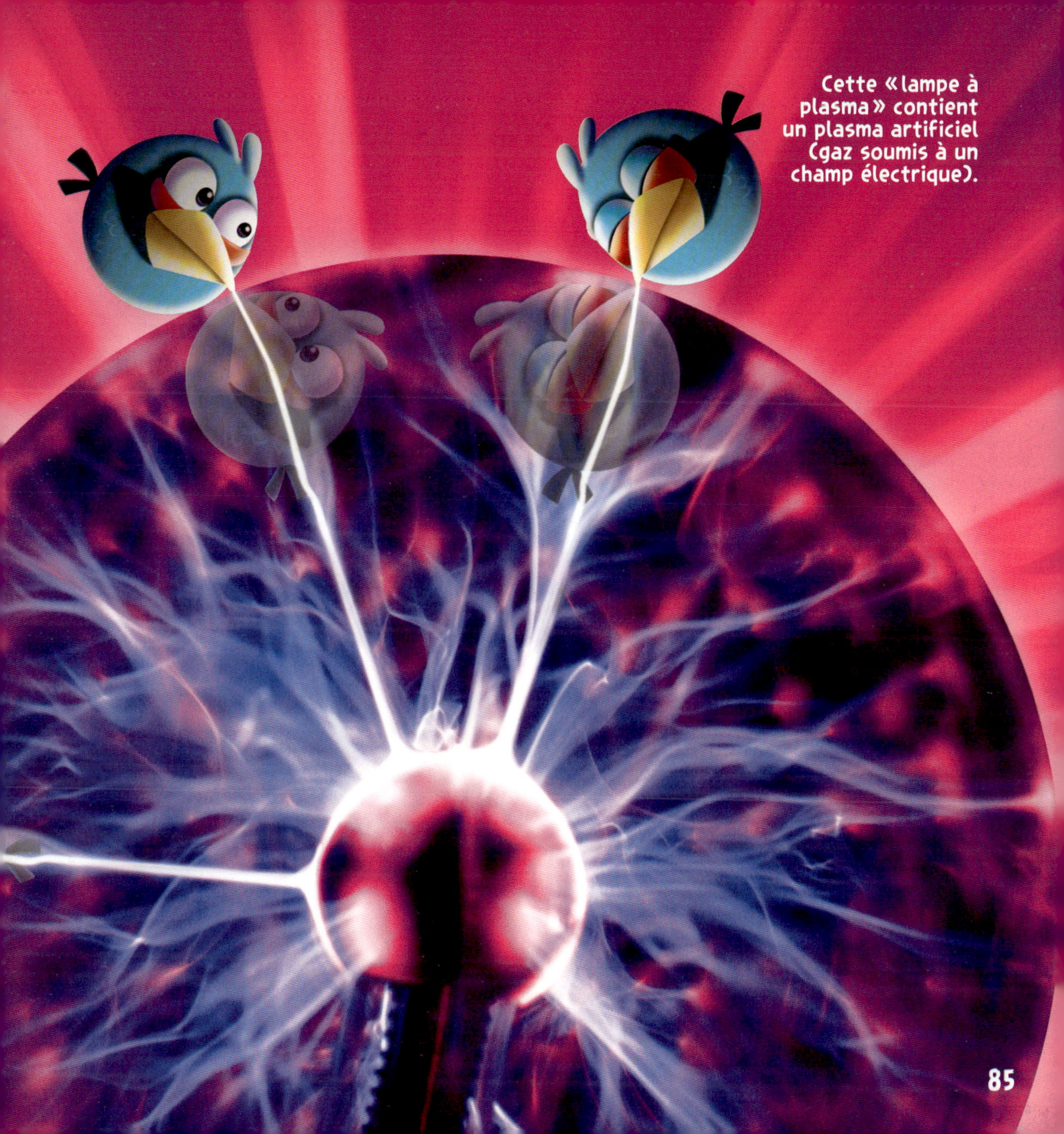

Cette « lampe à plasma » contient un plasma artificiel (gaz soumis à un champ électrique).

GLACE FONDANTE & SECRET DE FABRICATION

Si vous mettez de la glace dans un verre d'eau, une réaction très simple se produit : la glace se transforme progressivement en eau. Ce changement d'état requiert une énergie, qui est fournie par l'eau. Ajouter de la glace fait ainsi baisser la température de l'eau.

PEUT-ON RENDRE LA GLACE ENCORE PLUS FROIDE ?

Sel et glace forment un couple aux propriétés étonnantes. Lorsque les deux sont mélangés, le sel prend de la chaleur à la glace pour se dissoudre : la glace devient donc plus froide, suffisamment pour permettre de faire des sorbets. Le sel a également pour propriété d'abaisser la température de congélation de l'eau. Répandu sur les routes en hiver, il fera fondre le verglas même s'il fait 0 °C, pour une meilleure sécurité des automobilistes. Mais si la température descend sous -2 °C, le sel devient inefficace.

TRÈS PHYSIQUE

IL FAUT DIX FOIS PLUS D'ÉNERGIE POUR CHANGER DE LA GLACE (SOLIDE) EN EAU (LIQUIDE) QUE POUR PORTER À ÉBULLITION LA MÊME QUANTITÉ D'EAU.

AJOUTER DU SEL À DE LA GLACE PEUT ABAISSER SA TEMPÉRATURE JUSQU'À -20 °C.

LA GLACE SALÉE PEUT ÊTRE ASSEZ FROIDE POUR "BRÛLER" NOTRE PEAU.

L'EAU EST UNE DES RARES SUBSTANCES QUI FLOTTENT QUAND ELLES SONT GELÉES.

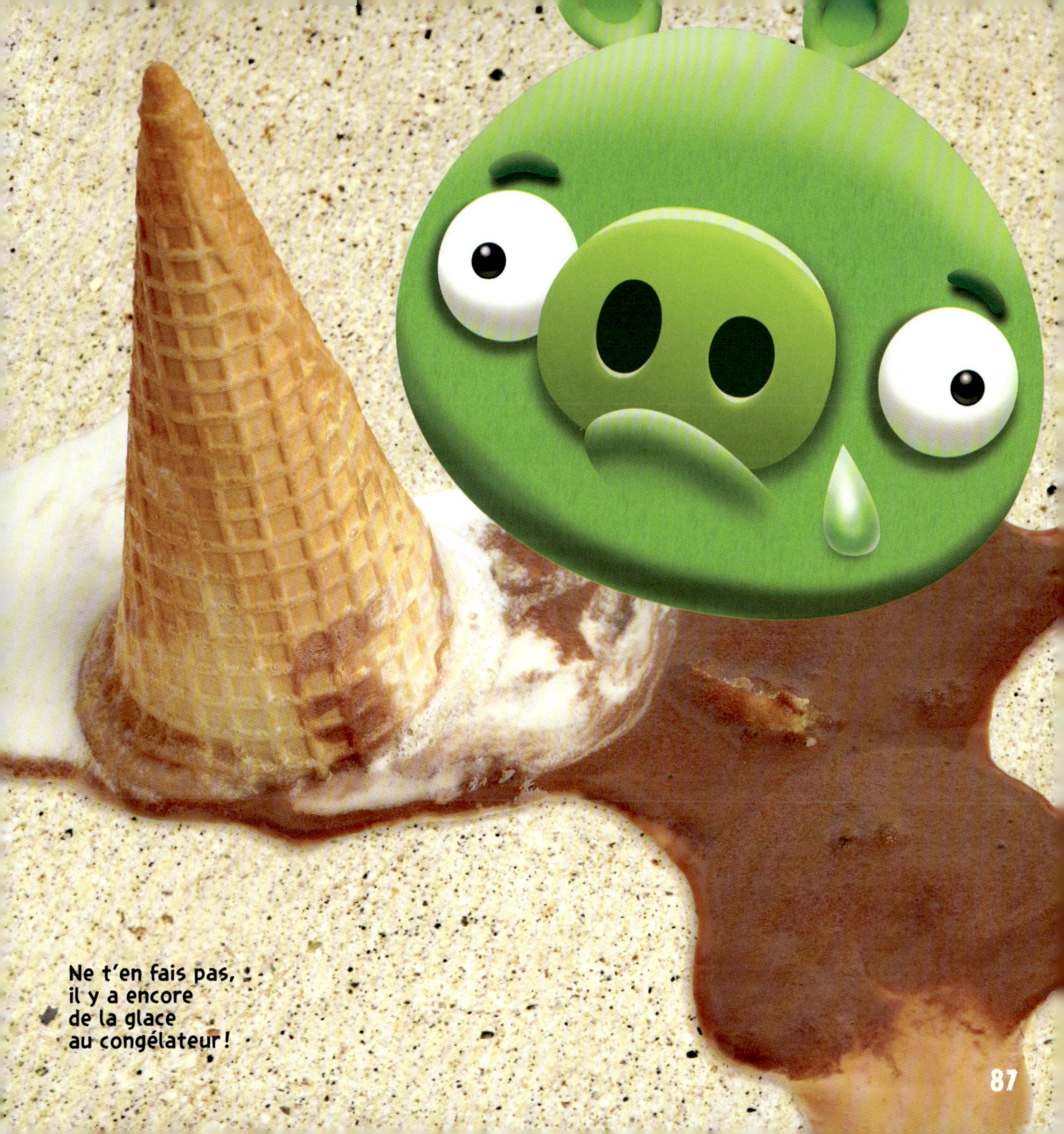
Ne t'en fais pas,
il y a encore
de la glace
au congélateur !

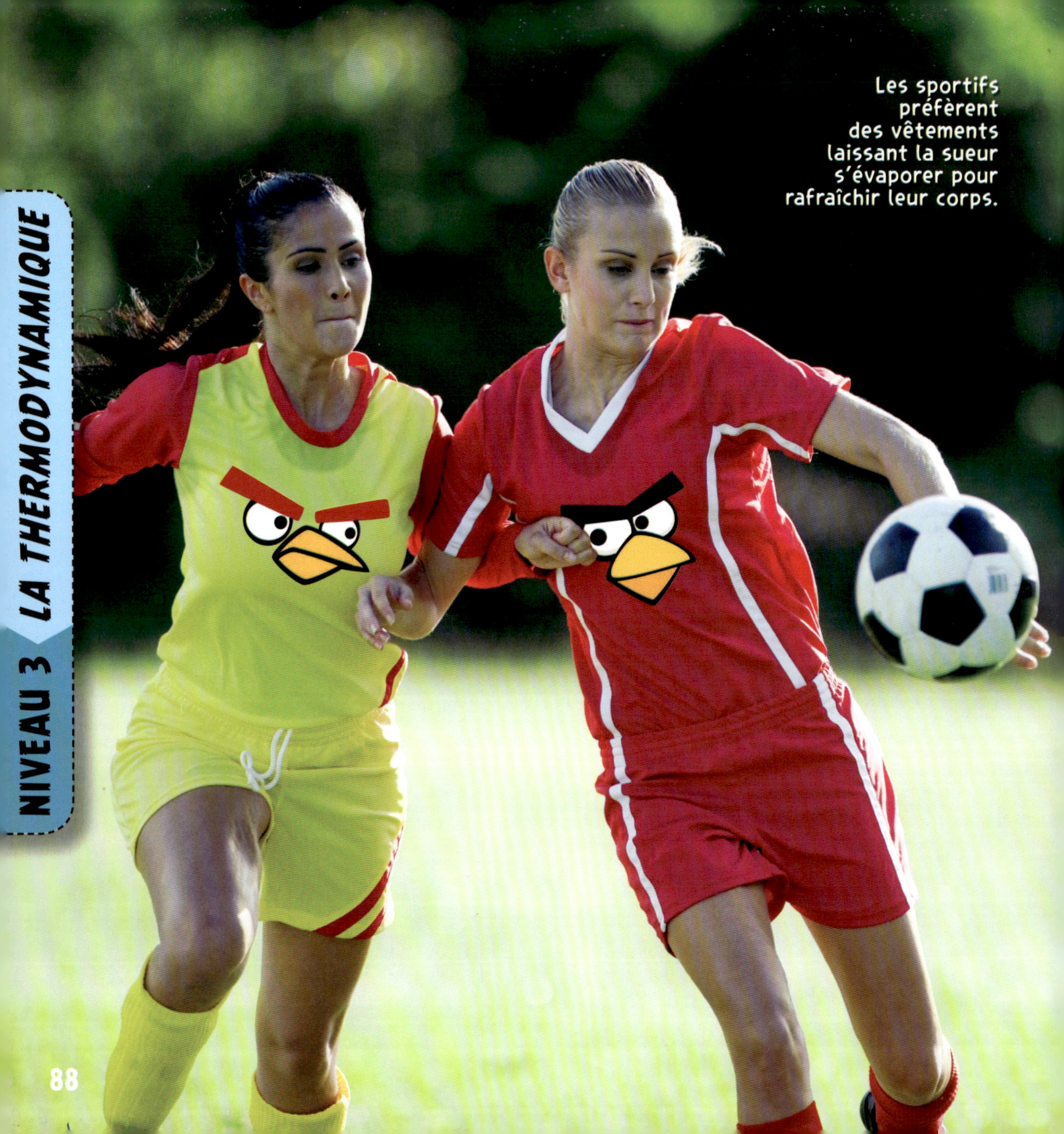

Les sportifs préfèrent des vêtements laissant la sueur s'évaporer pour rafraîchir leur corps.

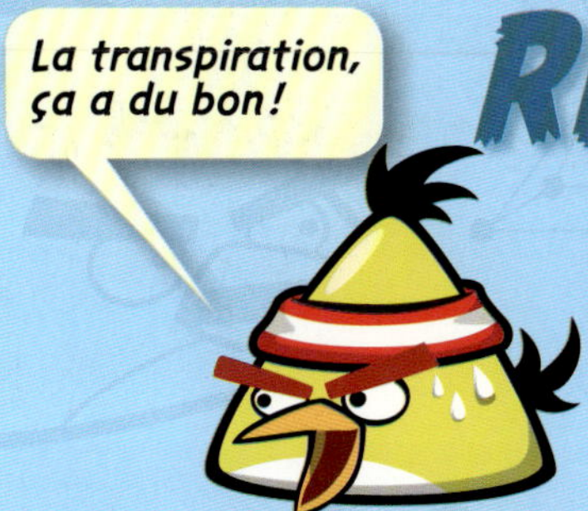

REFROIDISSEMENT PAR ÉVAPORATION

Personne n'aime transpirer. Pourtant, c'est très utile. Quand vous suez, votre corps libère de l'eau sur votre peau. Cette eau absorbe la chaleur que vous dégagez tandis qu'elle passe de l'état liquide à l'état gazeux. La transpiration rafraîchit donc le corps et évite la surchauffe en cas d'effort!

EST-CE QUE TRANSPIRER AIDE TOUJOURS À SE RAFRAÎCHIR ?

L'humidité de l'air a un effet important sur l'efficacité de la transpiration. Dans un environnement humide, il y a déjà beaucoup d'eau sous forme gazeuse (de la vapeur d'eau). Cela rend plus difficile l'évaporation de la sueur et le corps se refroidit moins. Dans le cas contraire, si l'air est très sec, il se peut que vous ne réalisiez même pas que vous transpirez car la sueur s'évapore complètement et votre peau reste sèche, et fraîche. En toutes circonstances, lors de fortes chaleurs, souvenez-vous de boire abondamment afin de remplacer l'eau transpirée.

PHYSIQUE EN JEU

LE REFROIDISSEMENT PAR ÉVAPORATION NE SE LIMITE PAS AUX ÊTRES HUMAINS. ENTOUREZ UNE BOUTEILLE D'UNE SERVIETTE TREMPÉE ET TRÈS FROIDE : EN S'ÉVAPORANT, SON EAU VA REFROIDIR LE LIQUIDE DANS LA BOUTEILLE.

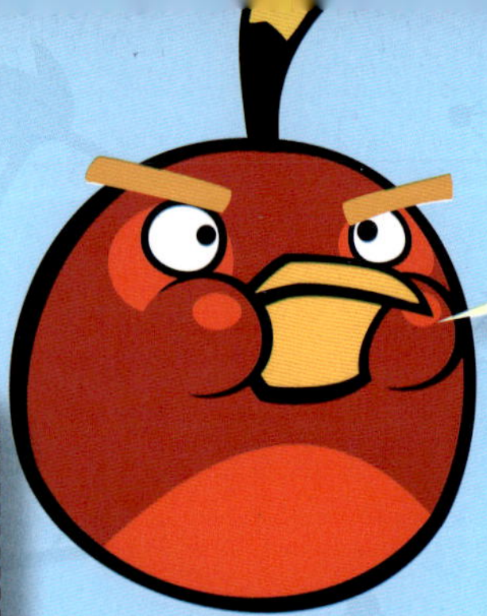

DILATATION THERMIQUE

Que se passe-t-il si vous réchauffez un ballon bien gonflé ? À l'intérieur du ballon, les molécules de gaz bougent de plus en plus vite à mesure que la température augmente. En bougeant plus rapidement, elles exercent une pression plus forte sur le ballon et le font grossir.

LA DILATATION THERMIQUE PEUT FAIRE DES DÉGÂTS

Dans certains cas, cette dilatation thermique se révèle problématique. En période estivale, les ponts se dilatent sous l'effet de la chaleur. Les constructions modernes comportent des joints de chaussée afin de compenser cette dilatation : sans eux, en été, les ponts se déformeraient !

Parfois, le phénomène rend service. Par exemple, dans les anciens modèles de réglage de température (ou thermostats), c'est une bande de métal qui sert d'interrupteur. Si la température augmente, le morceau de métal se dilate et ferme le circuit électrique, et inversement si la température baisse.

PHYSIQUE EN JEU

C'EST À CAUSE DE LA DILATATION THERMIQUE QUE LE POP-CORN ÉCLATE : QUAND ON CHAUFFE RAPIDEMENT DES GRAINS DE MAÏS, LEUR EAU SE TRANSFORME EN VAPEUR ET LES FAIT ÉCLATER.

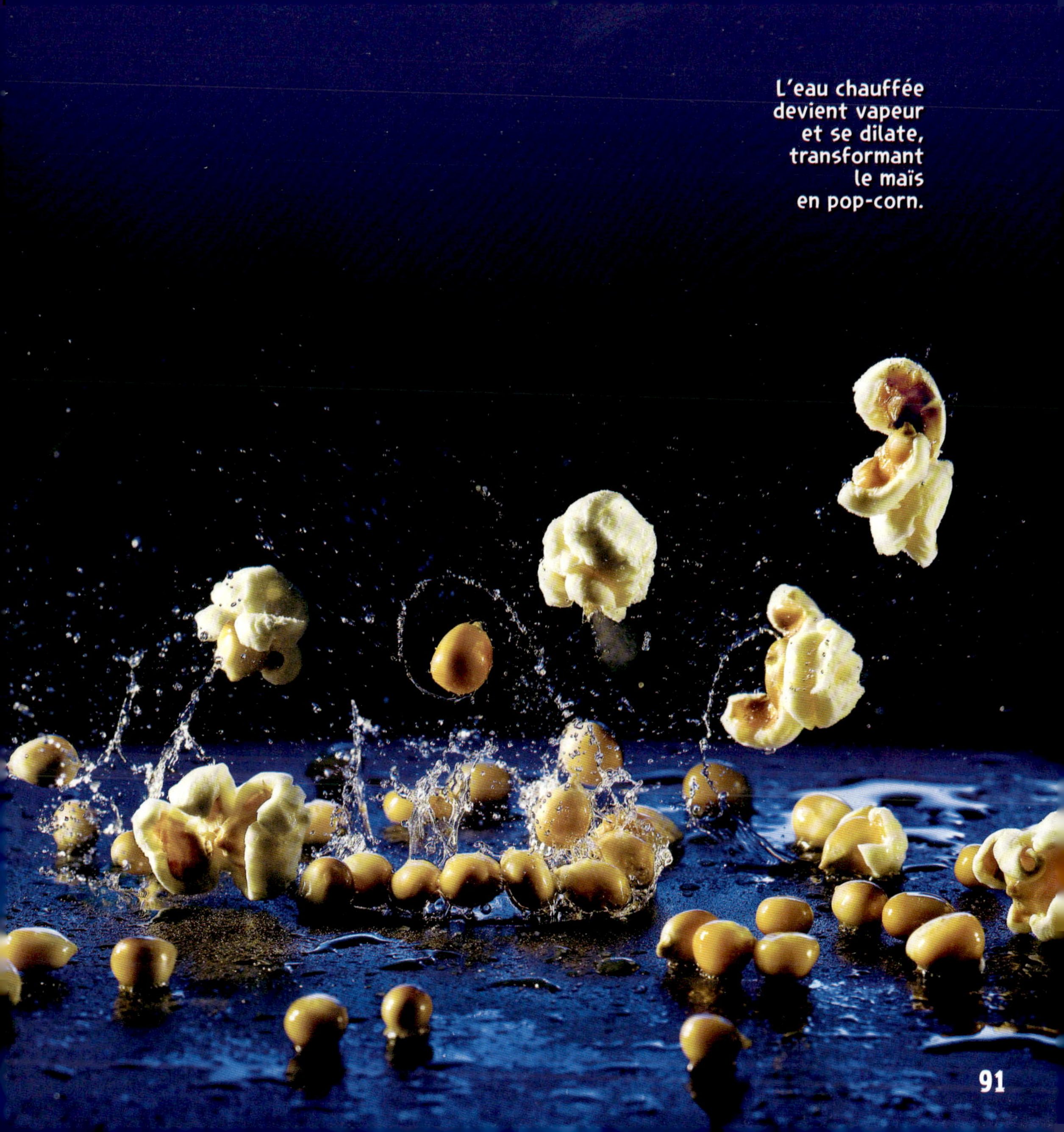

L'eau chauffée devient vapeur et se dilate, transformant le maïs en pop-corn.

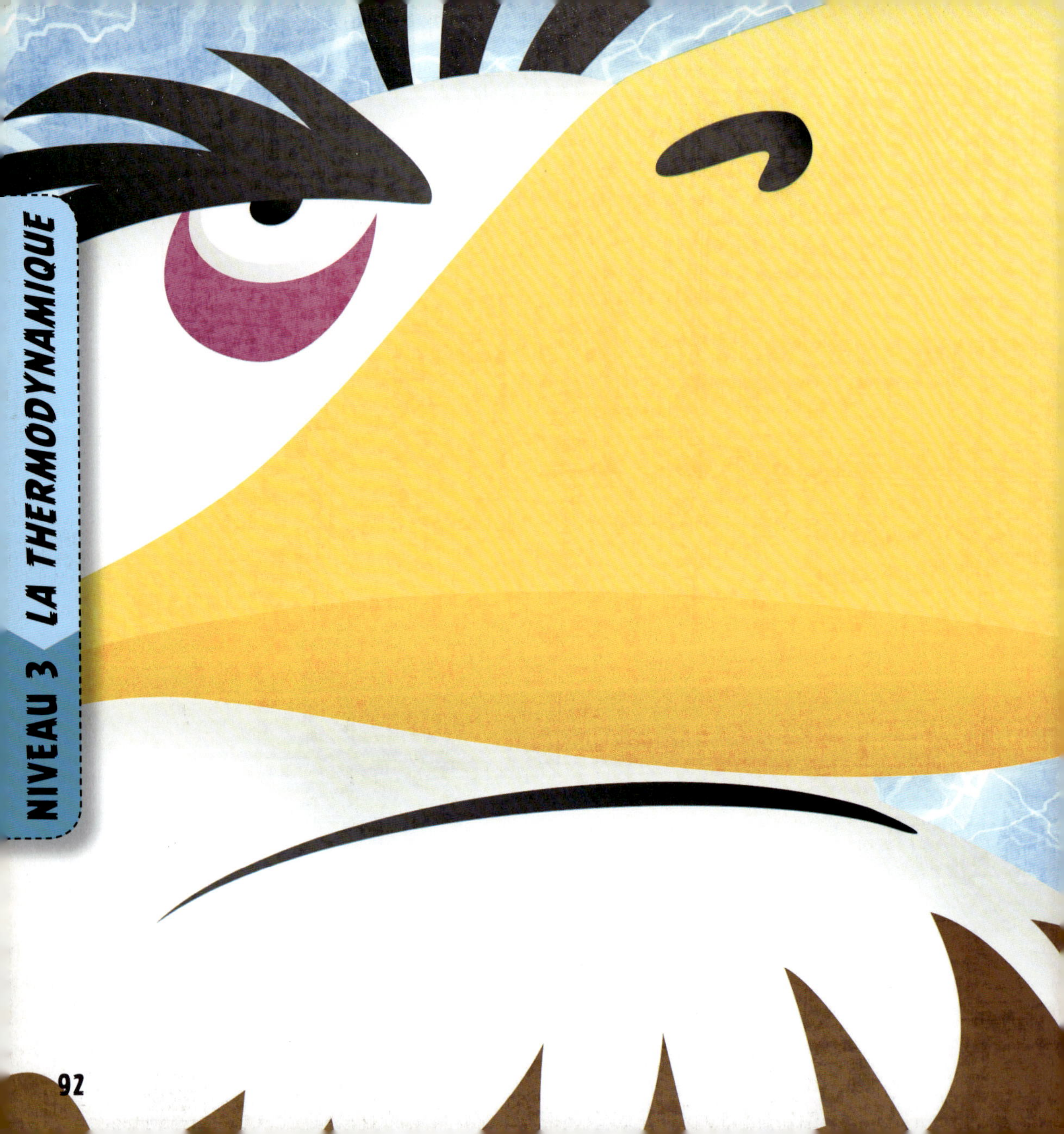

MIGHTY EAGLE

TROP BRÛLANT POUR ÊTRE TOUCHÉ

Mighty Eagle est débordant de haine, rongé par une immense frustration. Désillusionné par ses défaites, il vit seul pour cacher sa honte de n'être pas parvenu, jadis, à protéger les œufs. Il économise son énergie en demeurant calmement posé au sommet de sa montagne, mais si sa colère rentrée commence à filtrer, prenez garde au moment où il va éclater ! Les colères de Mighty Eagle sont rares, mais sa fureur déferle comme une vague de chaleur qui ferait fondre les glaciers.

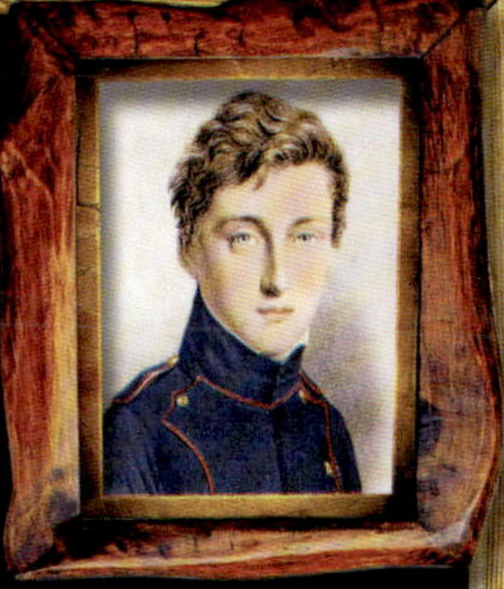

NICOLAS LÉONARD SADI CARNOT

$$\Delta L = L_0 \alpha \Delta T$$

NOM : MIGHTY EAGLE

CE QUI LE FAIT BOUGER : LES INTRUS – ET LES SARDINES – QUI FONT GRIMPER SA TEMPÉRATURE.

STRATÉGIE FAVORITE : LA COMBUSTION

PHYSIQUE EN JEU : LE VOLUME D'UN MATÉRIAU CHANGE EN FONCTION DE LA TEMPÉRATURE.

LES ISOLANTS

Comment certains animaux font-ils pour survivre à une température extrêmement froide? Dans la neige, un animal au sang chaud devrait perdre rapidement son énergie thermique. Mais beaucoup de mammifères ont une fourrure isolante. Les isolants thermiques réduisent le taux d'énergie thermique transférée d'un objet chaud vers un objet froid. La fourrure des animaux permet de piéger l'air proche de la peau, qui agit ensuite comme isolant.

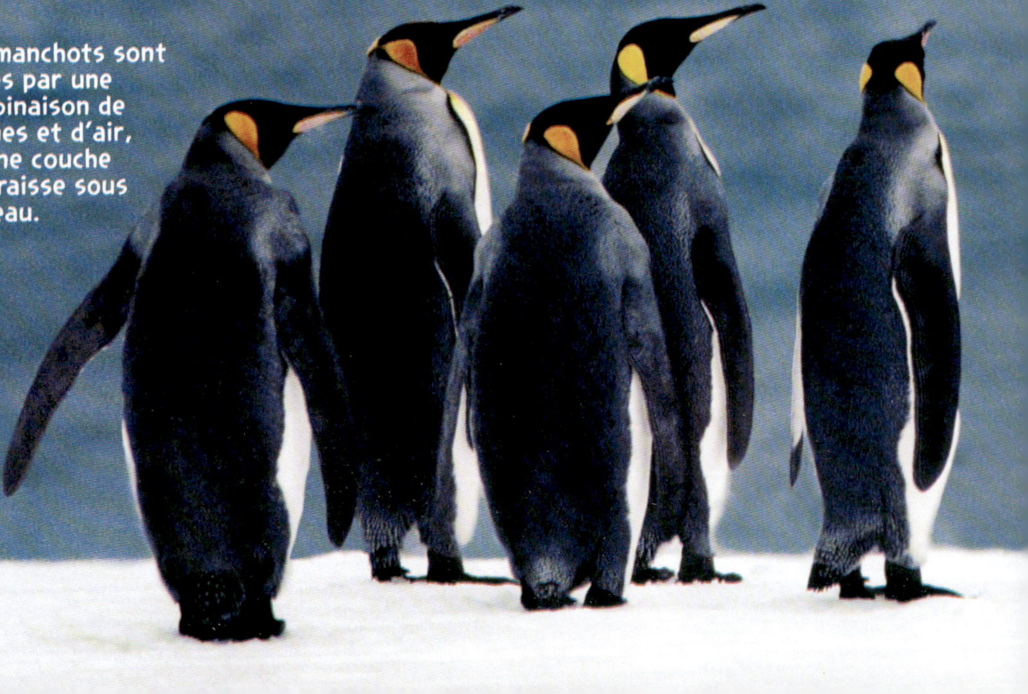

Les manchots sont isolés par une combinaison de plumes et d'air, et une couche de graisse sous la peau.

UNE COUVERTURE SERT-ELLE À RÉCHAUFFER ?

À température ambiante moyenne, que se passerait-il si vous enveloppiez une canette de soda frais dans une couverture de laine ? Se réchaufferait-elle plus rapidement qu'une canette non couverte ? Non, au contraire ! La couverture de laine est un isolant thermique : elle ralentit les transferts d'énergie. Dans le cas présent, le transfert de chaleur vers le soda est freiné et celui-ci reste froid. C'est le principe de la glacière. Si vous mettez des aliments chauds dans une glacière, elle les gardera chauds !

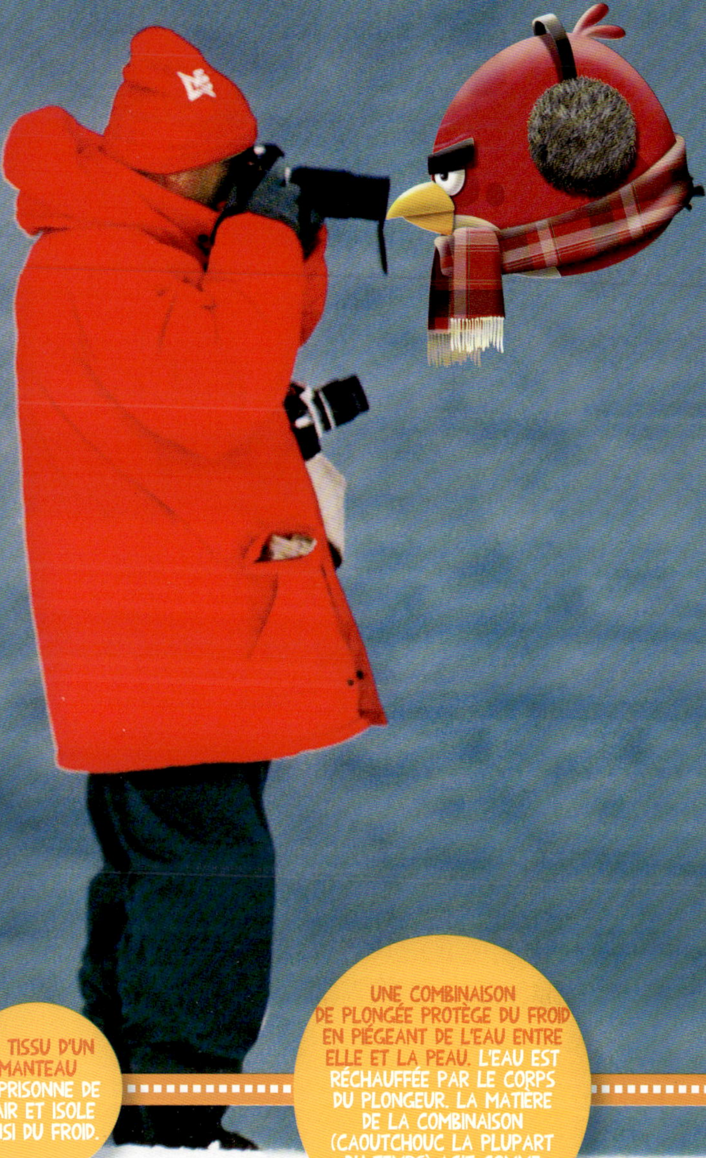

TRÈS PHYSIQUE

POUR CONSERVER LEUR CHALEUR, LES NAGEURS PORTENT UNE COMBINAISON.

LE TISSU D'UN MANTEAU EMPRISONNE DE L'AIR ET ISOLE AINSI DU FROID.

UNE COMBINAISON DE PLONGÉE PROTÈGE DU FROID EN PIÉGEANT DE L'EAU ENTRE ELLE ET LA PEAU. L'EAU EST RÉCHAUFFÉE PAR LE CORPS DU PLONGEUR. LA MATIÈRE DE LA COMBINAISON (CAOUTCHOUC LA PLUPART DU TEMPS) AGIT COMME UN ISOLANT.

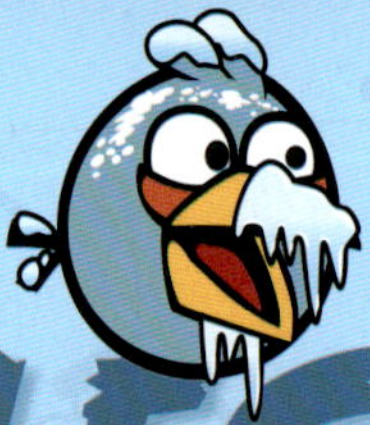

LES CHOSES LES PLUS FROIDES

Tout le monde sait que la glace est froide : sa température est inférieure ou égale à 0 °C. Alors, que peut-il exister de plus froid, à part la glace salée (comme nous l'avons vu)? La neige carbonique? En effet, le gaz carbonique se transforme en glace à partir de -79 °C.

QU'EN EST-IL DES MATÉRIAUX VRAIMENT FROIDS ?

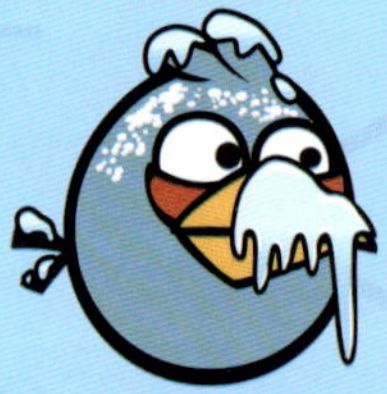

Dans quels cas a-t-on besoin de températures plus froides que celle de la glace? Les matériaux supraconducteurs, par exemple, requièrent des températures inférieures à -73 °C pour fonctionner. À très basse température, ils acquièrent des propriétés électriques et magnétiques intéressantes. Pour créer un champ magnétique très puissant, il n'y a pas d'autre moyen que d'utiliser des supraconducteurs. On les trouve dans l'imagerie médicale, par exemple, pour faire fonctionner des appareils à IRM (imagerie par résonance magnétique).

La plupart des supraconducteurs fonctionnent à -269 °C. Si vous considériez que la neige carbonique est froide, que diriez-vous de ces supraconducteurs?

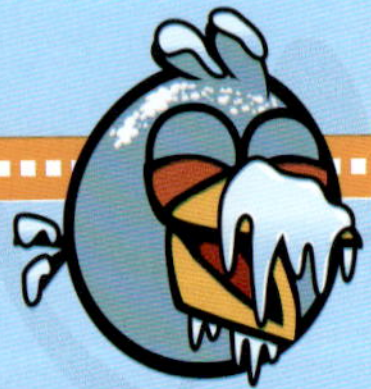

TRÈS PHYSIQUE

L'HÉLIUM DES BALLONS EST UTILISÉ EN IRM POUR LES ÉLECTRO-AIMANTS SUPRACONDUCTEURS.

EXTRAIT DU GAZ NATUREL, L'HÉLIUM EST TRÈS ABONDANT DANS L'UNIVERS.

L'AZOTE LIQUIDE (OBTENU À PARTIR DE -196 °C) N'EST PAS AUSSI FROID QUE L'HÉLIUM LIQUIDE (À PARTIR DE -269 °C).

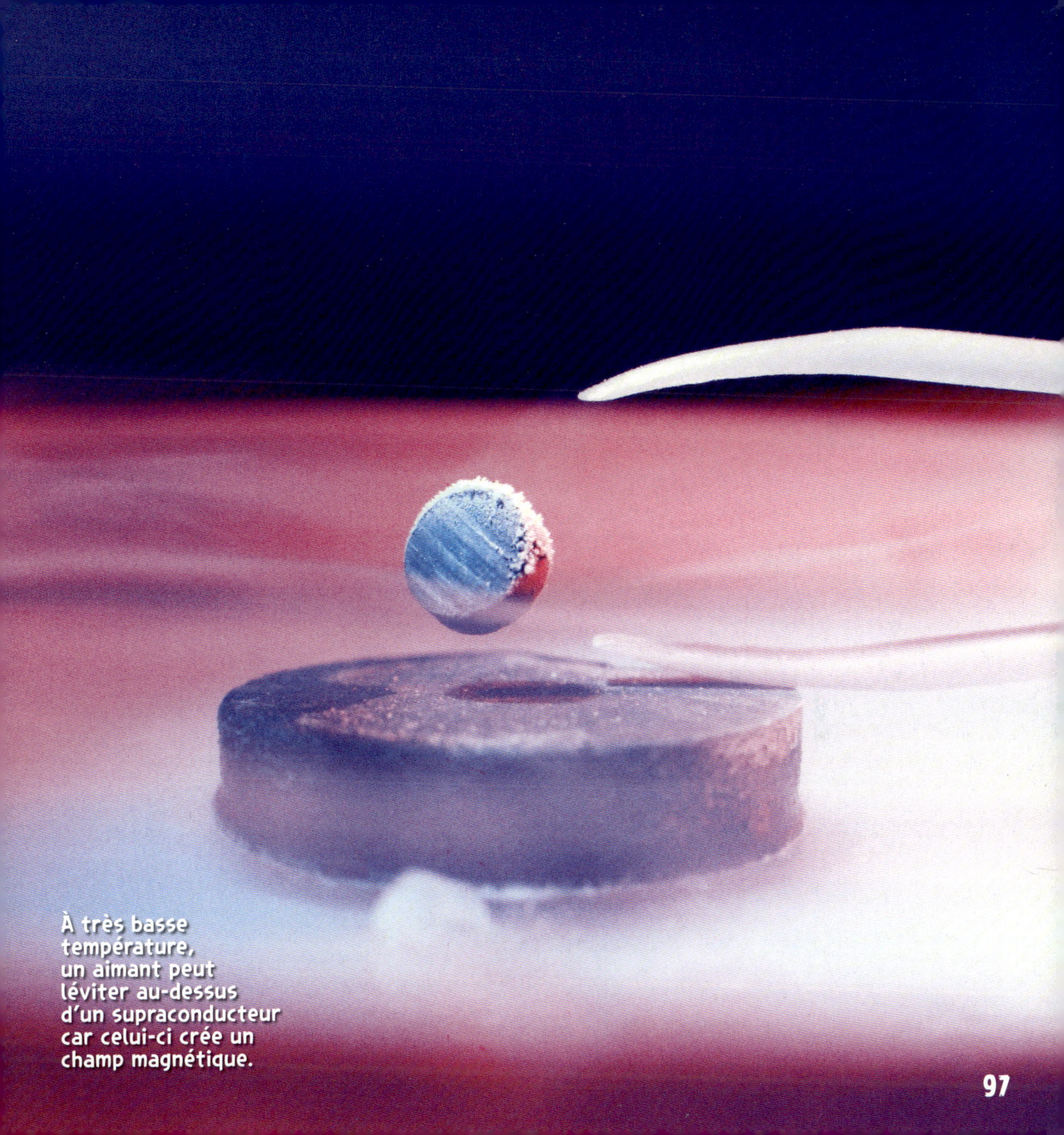

À très basse température, un aimant peut léviter au-dessus d'un supraconducteur car celui-ci crée un champ magnétique.

NIVEAU 4

ÉLECTRICITÉ & MAGNÉTISME

Étude des phénomènes électriques et des propriétés d'attraction des aimants et d'autres matériaux.

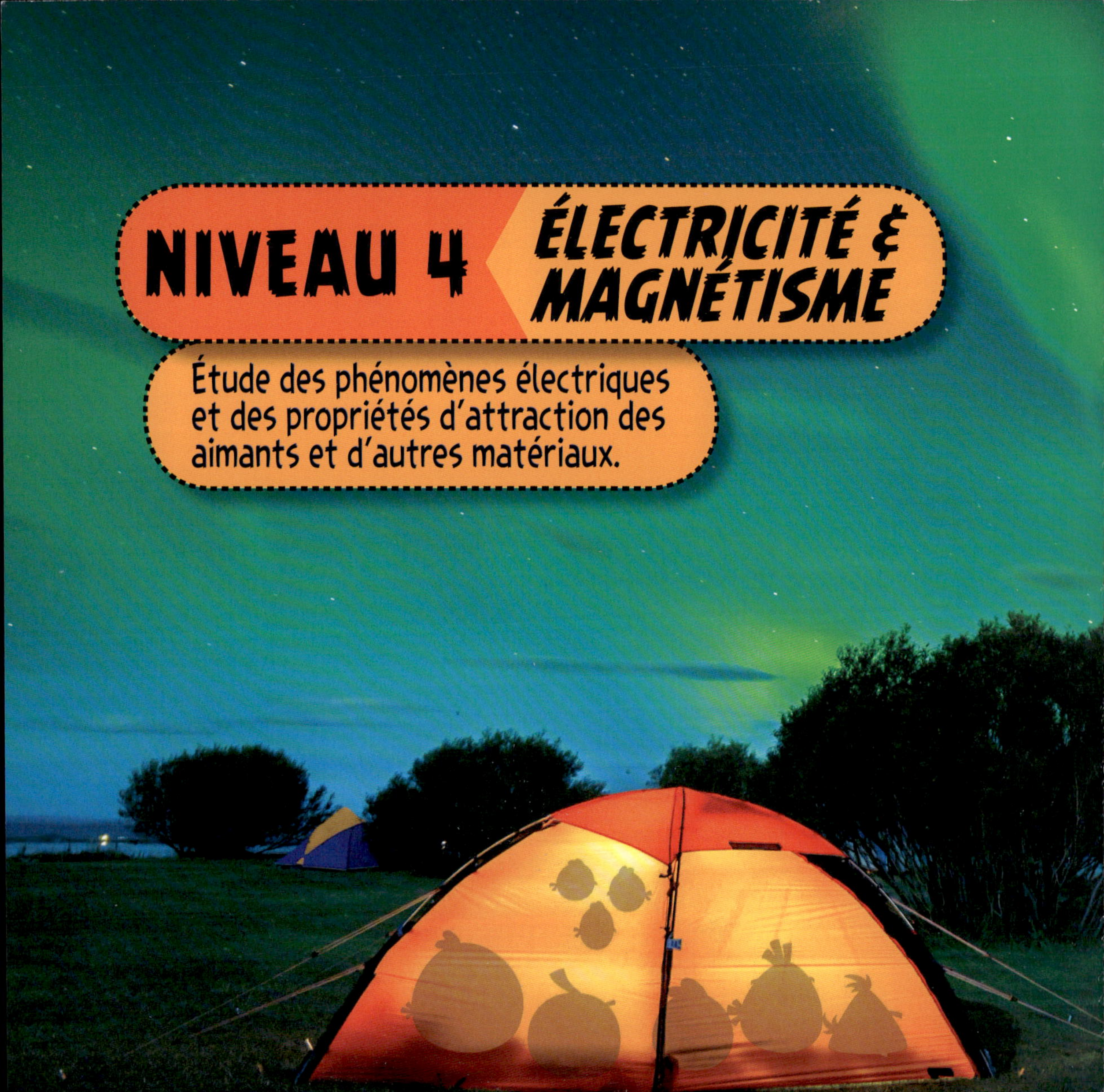

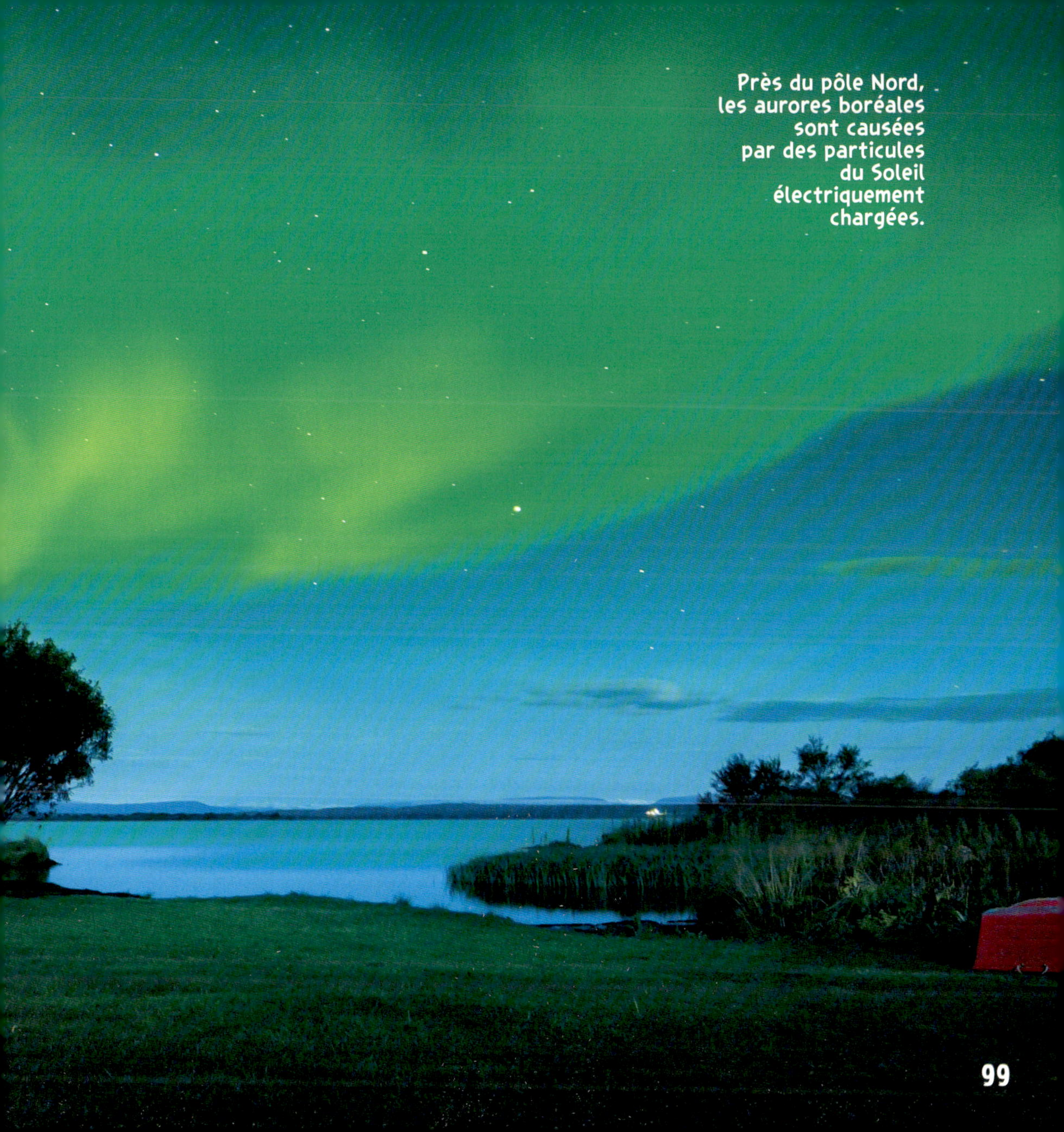

Près du pôle Nord, les aurores boréales sont causées par des particules du Soleil électriquement chargées.

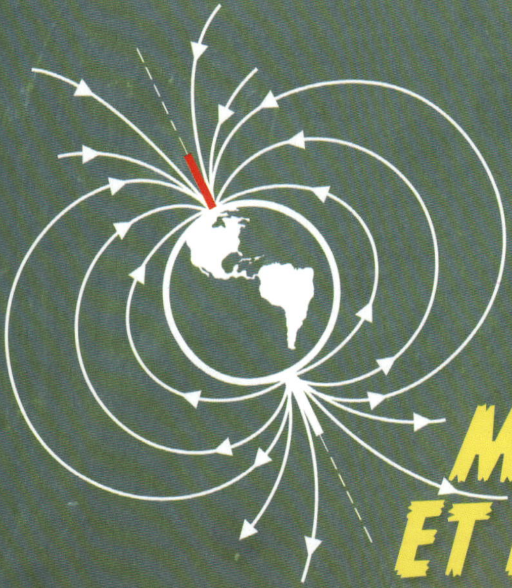

CHAMPS MAGNÉTIQUES ET ÉLECTRIQUES

Approchez deux aimants l'un de l'autre et observez-les s'attirer ou se repousser sans même se toucher. On peut aussi s'amuser avec des charges électriques : frottez un ballon de caoutchouc contre vos vêtements, puis placez-le près de vos cheveux. Ils seront immédiatement attirés par le ballon, sans même être à son contact.

Comment ces objets peuvent-il interagir ainsi sans se toucher ? Grâce aux champs magnétiques et électriques ! Autour de chaque aimant, il y a un champ magnétique, une sorte d'aire d'influence. En y pénétrant, tout objet sensible au magnétisme est influencé. Les charges électriques génèrent aussi un champ, et il en existe encore d'autres types, comme le champ gravitationnel, qui nous attire vers la Terre et que nous avons vu précédemment (niveau 1).

LES CHARGES ÉLÉMENTAIRES

Prenez une pomme ou un crayon. Ces deux objets, comme tous les autres, sont faits de molécules, elles-mêmes composées d'atomes, tous formés à partir de trois particules : l'électron, qui a une charge électrique négative, le proton, chargé positivement, et le neutron, sans charge. Les atomes ont souvent le même nombre de protons et d'électrons, ce qui leur donne une charge électrique totale égale à zéro, ou « neutre ».

Le ballon que vous avez frotté devient électrostatique, tout comme vos cheveux, car certains électrons de vos cheveux sont transférés au caoutchouc du ballon. Il est possible de transférer un, deux, trois ou un milliard d'électrons, mais il est impossible d'en transférer la moitié d'un. C'est pourquoi les électrons, comme les protons, sont ce que l'on appelle des charges élémentaires : on ne peut pas les diviser.

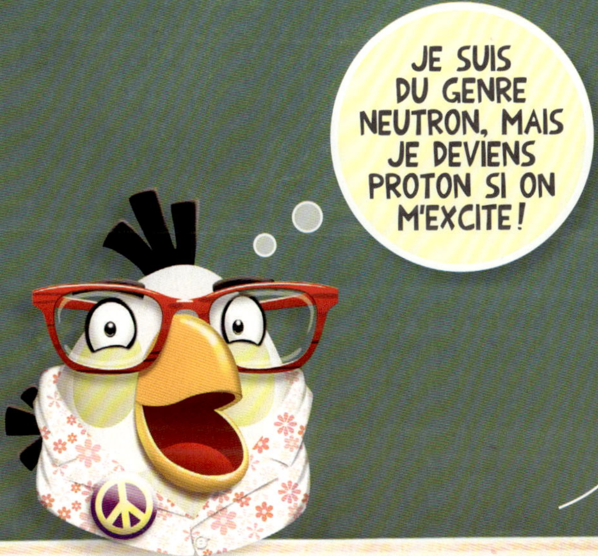

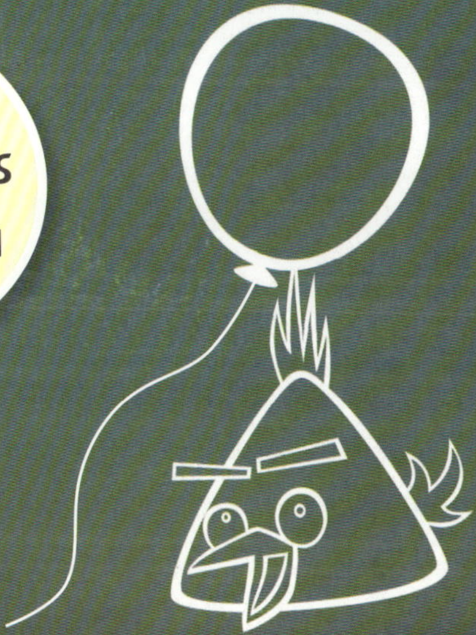

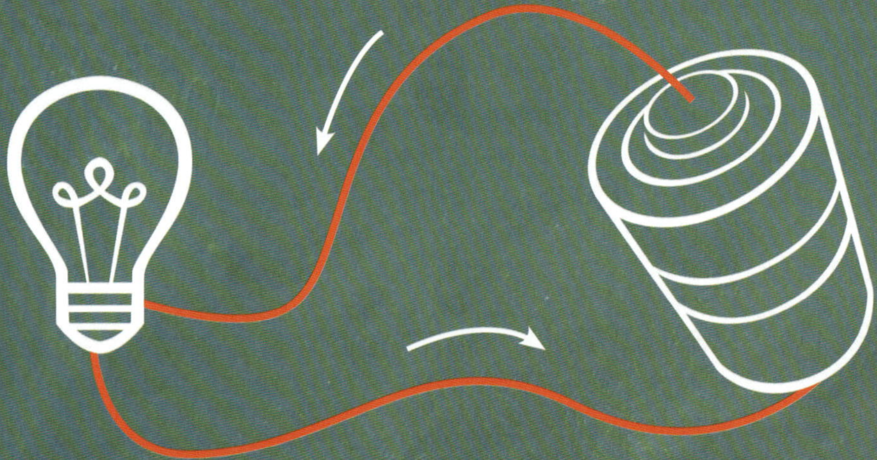

LE COURANT ÉLECTRIQUE

Prenez une lampe de poche. Quand vous actionnez son interrupteur, le courant électrique circule entre la pile et l'ampoule, et cette dernière s'allume. Mais, qu'est-ce que le courant électrique ? Il s'agit, la plupart du temps, d'un mouvement de charges négatives. On dit que le courant « circule », comme l'eau qui s'écoule.

Pensez à de l'eau circulant dans un tuyau. On peut utiliser son énergie de diverses manières, par exemple pour faire tourner la roue d'un moulin, mais cela ne transforme pas l'eau : elle reste de l'eau ! Il en va de même pour le courant électrique, on utilise son énergie pour de très nombreuses applications : l'éclairage, les moteurs électriques, les ordinateurs et consoles de jeux, etc.

LES AIMANTS

En manipulant un aimant, on remarque qu'il comporte deux extrémités différentes, appelées « pôle sud » et « pôle nord », pour des raisons que vous comprendrez bientôt. Si l'on rapproche les extrémités nord de deux aimants, elles se repoussent. Il en ira de même en rapprochant les deux extrémités sud. Si l'on coupe un aimant en deux morceaux, on obtiendra deux nouveaux aimants, certes plus petits, mais ayant tous deux un pôle sud et un pôle nord. Il est en effet impossible d'avoir un seul pôle sur un aimant : s'il y a un nord, il y a forcément un sud !

Prenez maintenant un aimant et observez ses interactions avec les autres matériaux. Vous verrez que certains métaux, comme le fer ou l'acier, sont attirés par lui. On dit qu'ils sont ferromagnétiques. D'autres métaux comme l'aluminium et le cuivre, ou des matières comme le plastique, n'interagissent pas avec un aimant.

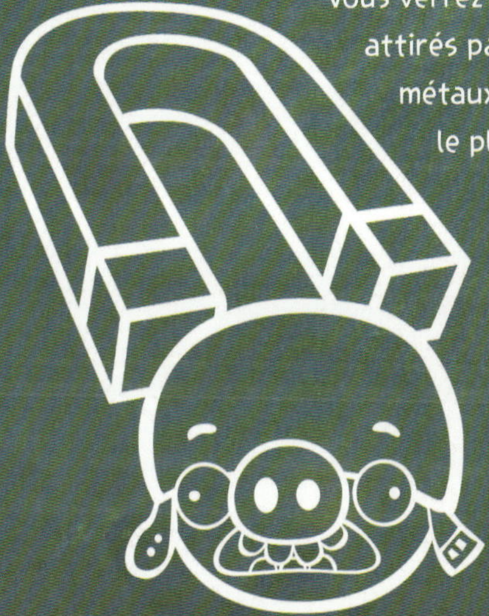

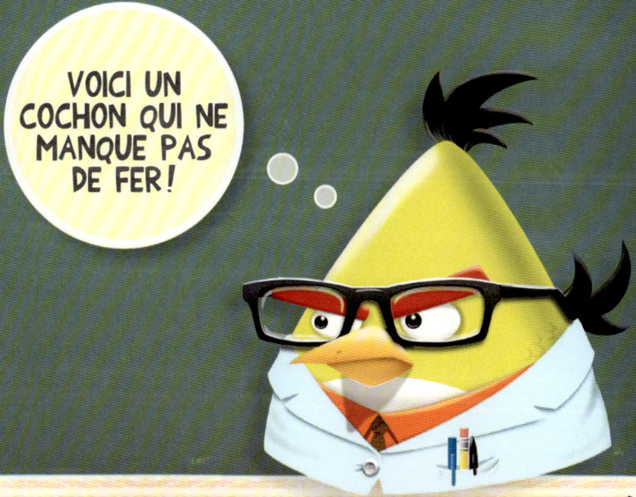

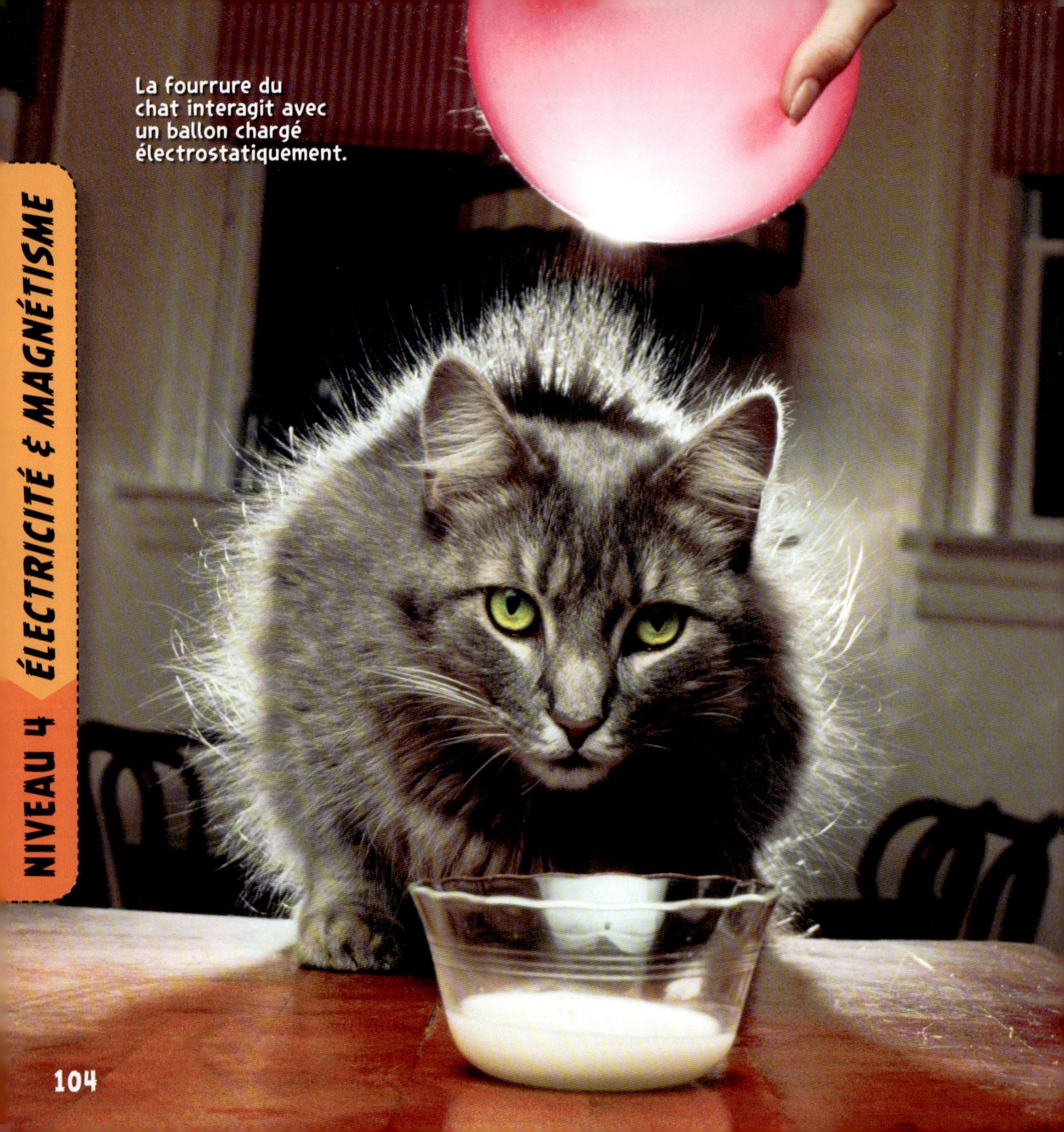

La fourrure du chat interagit avec un ballon chargé électrostatiquement.

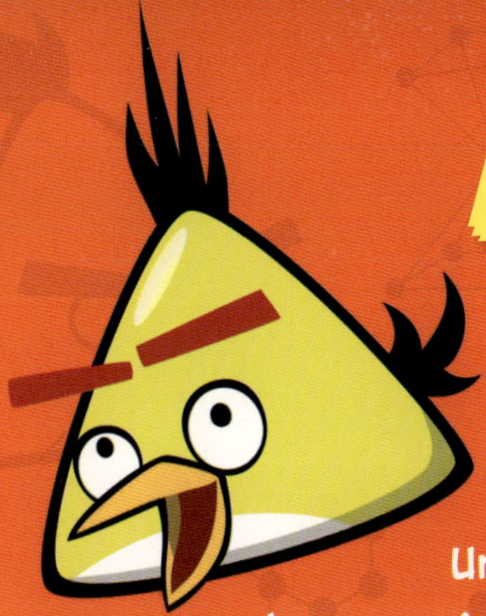

L'ÉLECTRICITÉ STATIQUE

Un courant électrique est engendré par des charges qui circulent. Lorsqu'elles ne circulent pas mais interagissent avec des objets proches, comme dans le cas du ballon et de la fourrure du chat, on parle d'« électricité statique ».

L'ÉLECTRICITÉ STATIQUE AGIT-ELLE SUR UN OBJET NEUTRE ?

Les objets de même charge, positive ou négative, se repoussent, alors qu'ils s'attirent s'ils ont des charges opposées, mais la fourrure du chat sera attirée par le ballon chargé même si elle est électriquement neutre. En effet, elle est neutre car elle contient autant de charges négatives que de charges positives. Ces dernières sont attirées par le ballon, chargé négativement, et s'en rapprochent. Plus les charges opposées sont proches, plus elles interagissent, ce qui crée l'attraction. Si on remplace le ballon par un bout de plastique chargé positivement, on observe le même phénomène d'attraction.

PHYSIQUE EN JEU

FROTTEZ BIEN UNE RÈGLE EN PLASTIQUE AVEC UN CHIFFON, PUIS APPROCHEZ-LA DE PETITS MORCEAUX DE PAPIER, SANS LES TOUCHER. CEUX-CI SE SOULÈVERONT POUR ALLER SE COLLER AU PLASTIQUE CHARGÉ.

FORCES ÉLECTRIQUES ET GRAVITATION

Nous avons vu que la force gravitationnelle était une interaction entre des objets en fonction de leur masse. La force électrique, elle, est une interaction entre des objets qui ont une charge électrique. Il y a deux grandes différences entre ces deux forces.

LA GRAVITATION EST-ELLE LA PLUS FORTE DES DEUX ?

La première différence entre la masse (responsable de la gravitation) et les charges électriques est la suivante : il existe un seul type de masse, mais deux types de charges. La seconde différence réside dans le fait que les charges peuvent se repousser, tandis que les masses s'attirent toujours.

À l'échelle des particules, la force électrique est la plus importante, et de loin ! C'est elle qui assure la consistance et la dureté de la matière. À notre échelle, pourtant, on ne la ressent pas, alors que l'on subit les effets de la pesanteur, engendrée par la force gravitationnelle de la Terre.

TRÈS PHYSIQUE

- LE SOLEIL EXERCE SUR LA TERRE UNE FORCE PLUS GRANDE QUE LA LUNE, POURTANT BIEN PLUS PROCHE.
- EN 1968, LES ASTRONAUTES D'APOLLO 8 FURENT LES PREMIERS HUMAINS À QUITTER L'ORBITE DE LA TERRE.
- LA FORCE GRAVITATIONNELLE ET LA FORCE ÉLECTRIQUE DÉCROISSENT TOUTES DEUX RAPIDEMENT AVEC LA DISTANCE (LOI EN CARRÉ INVERSE).
- UNE PETITE BALLE DE MOUSSE PEUT ACCUMULER ASSEZ D'ÉNERGIE STATIQUE POUR CONTRER LA GRAVITATION ET FLOTTER EN L'AIR.

La Lune tourne autour de la Terre sous l'effet de la gravitation.

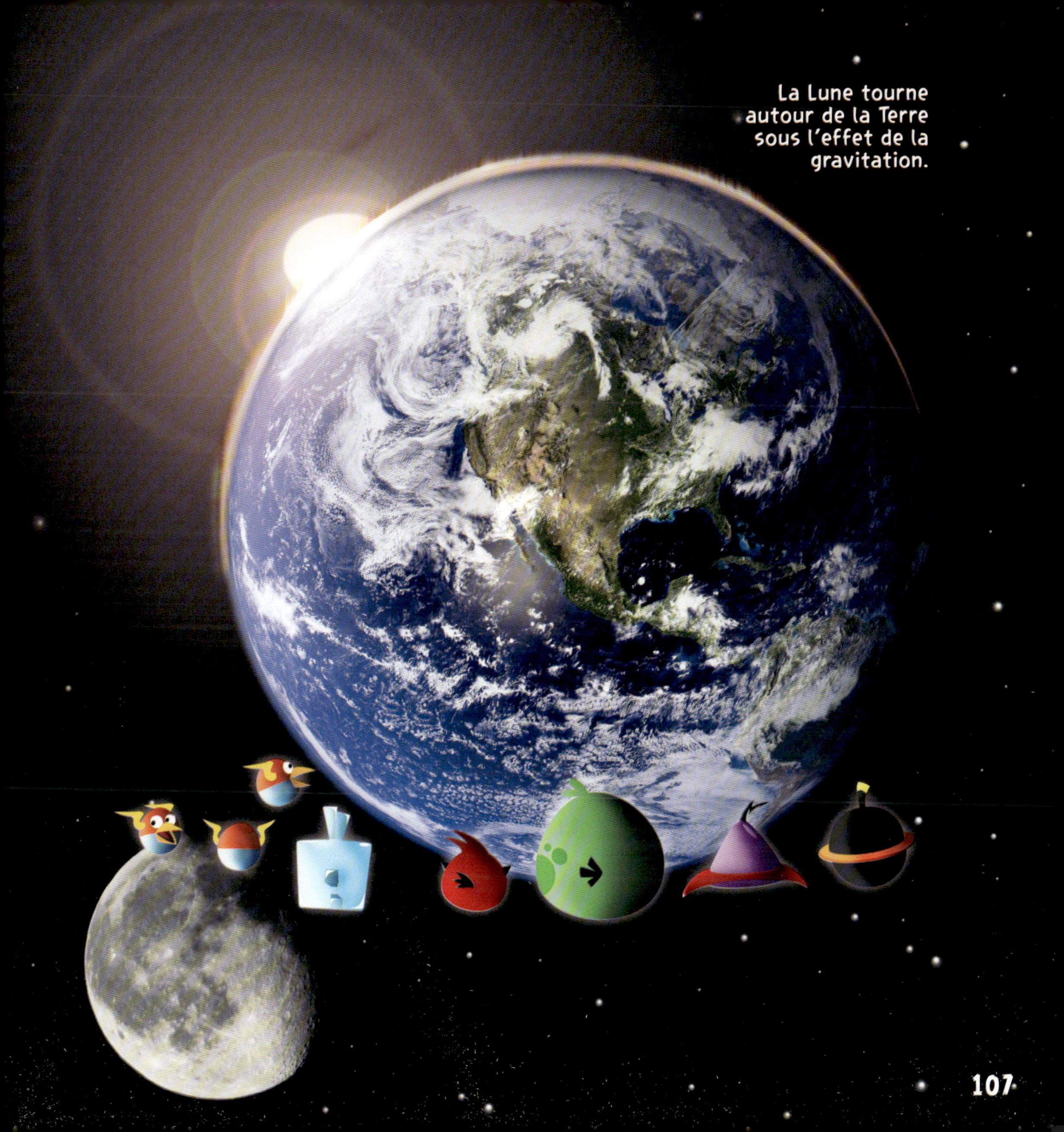

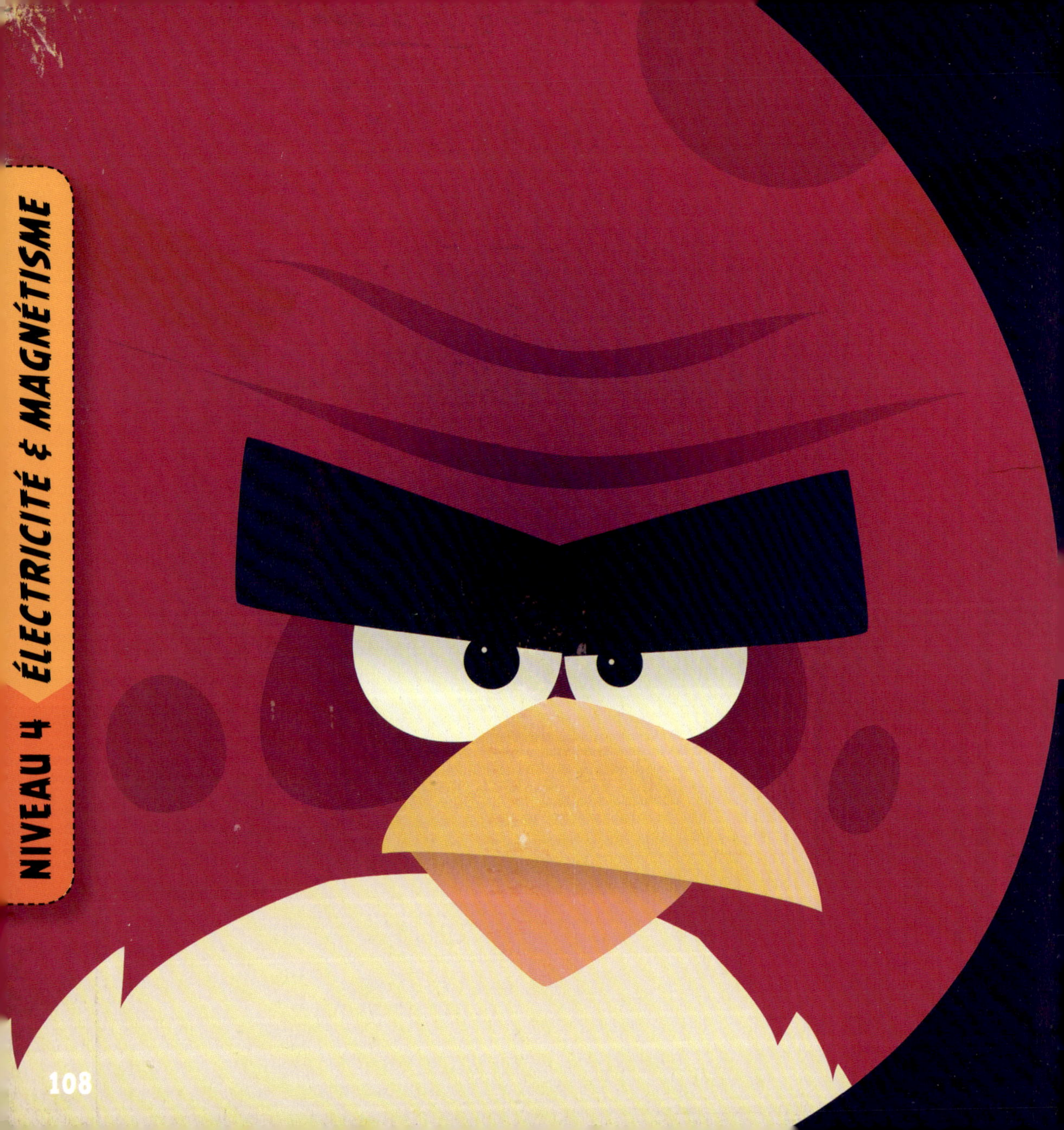

TÉRENCE

UN OISEAU D'OR ET D'ÉCLATS

Si le silence est d'or, alors Térence est un oiseau de très grande valeur. Hanté par de mauvais souvenirs, cet Angry Bird refuse de parler. Il évacue son énergie en détruisant tout ce qui se trouve sur son chemin. De même que le fer subit l'attraction des aimants, Térence est attiré par ses adversaires, qu'il attaque à coups de décharges électriques. Son approche est silencieuse et ses accès de fureur créent un infranchissable champ de force.

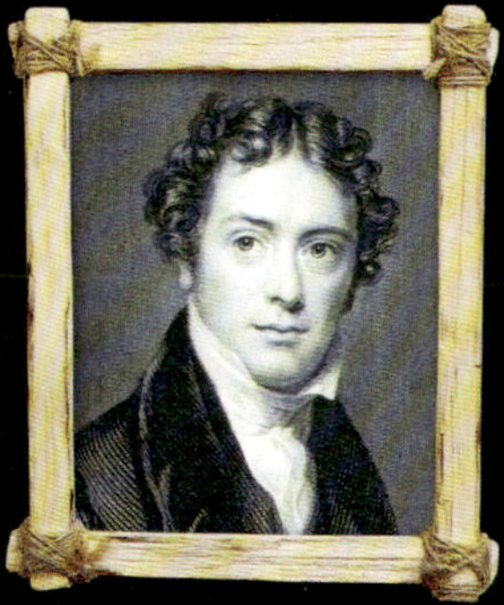

MICHAEL FARADAY

$$E = -n\, d\Phi/dt$$

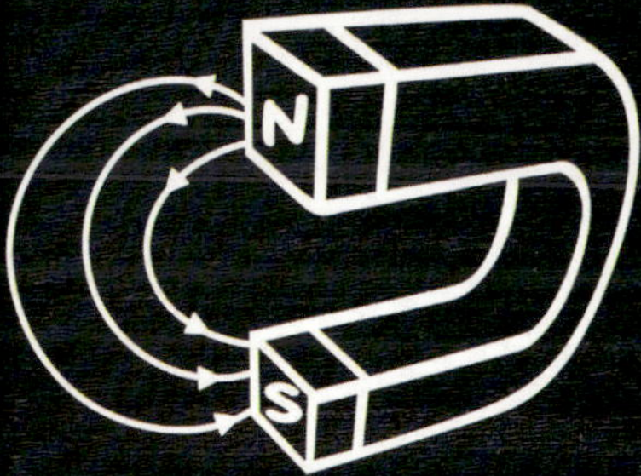

NOM : TÉRENCE

CE QUI LE FAIT BOUGER : LE POSITIF (LES AUTRES ANGRY BIRDS) ET LE NÉGATIF (LES COCHONS)

STRATÉGIE FAVORITE : NE MONTRER AUCUN SIGNE DE FAIBLESSE

PHYSIQUE EN JEU : UN COURANT QUI PASSE DANS UN FIL ÉLECTRIQUE CRÉE UN CHAMP MAGNÉTIQUE CIRCULAIRE AUTOUR DU FIL, DONT LE SENS DE ROTATION DÉPEND DE CELUI DU COURANT.

ANIMAUX & ÉLECTRICITÉ

Le requin-marteau et d'autres animaux aquatiques sont sensibles aux champs électriques dans leur environnement. Ce sixième sens les aide à détecter leurs proies, qui modifient ces champs par leur présence.

POURQUOI Y A-T-IL DES CHAMPS ÉLECTRIQUES AUTOUR DES ANIMAUX ?

Le cerveau et les muscles des animaux et des hommes fonctionnent grâce à la transmission de signaux électriques. La surface de leur corps est chargée électriquement. Toute cette activité électrique d'origine biologique crée des champs de faible intensité, mais détectables par certaines espèces aquatiques.

D'autres animaux produisent de l'électricité, mais en plus grande quantité ! L'anguille électrique attaque et se défend par des décharges électriques de 300 à 700 volts. Une grande partie de son corps fonctionne comme une batterie électrique.

TRÈS PHYSIQUE

L'ANGUILLE ÉLECTRIQUE PEUT PRODUIRE UN VOLTAGE ÉQUIVALENT À 300 PILES DE 1,5 VOLT.

IL EXISTE AUSSI DES RAIES ÉLECTRIQUES (TORPILLES) ET MÊME DES POISSONS-CHATS ÉLECTRIQUES.

DANS LES ANNÉES 1780, LUIGI GALVANI DÉCOUVRE QU'IL PEUT FAIRE BOUGER DES PATTES DE GRENOUILLE AVEC DE L'ÉLECTRICITÉ.

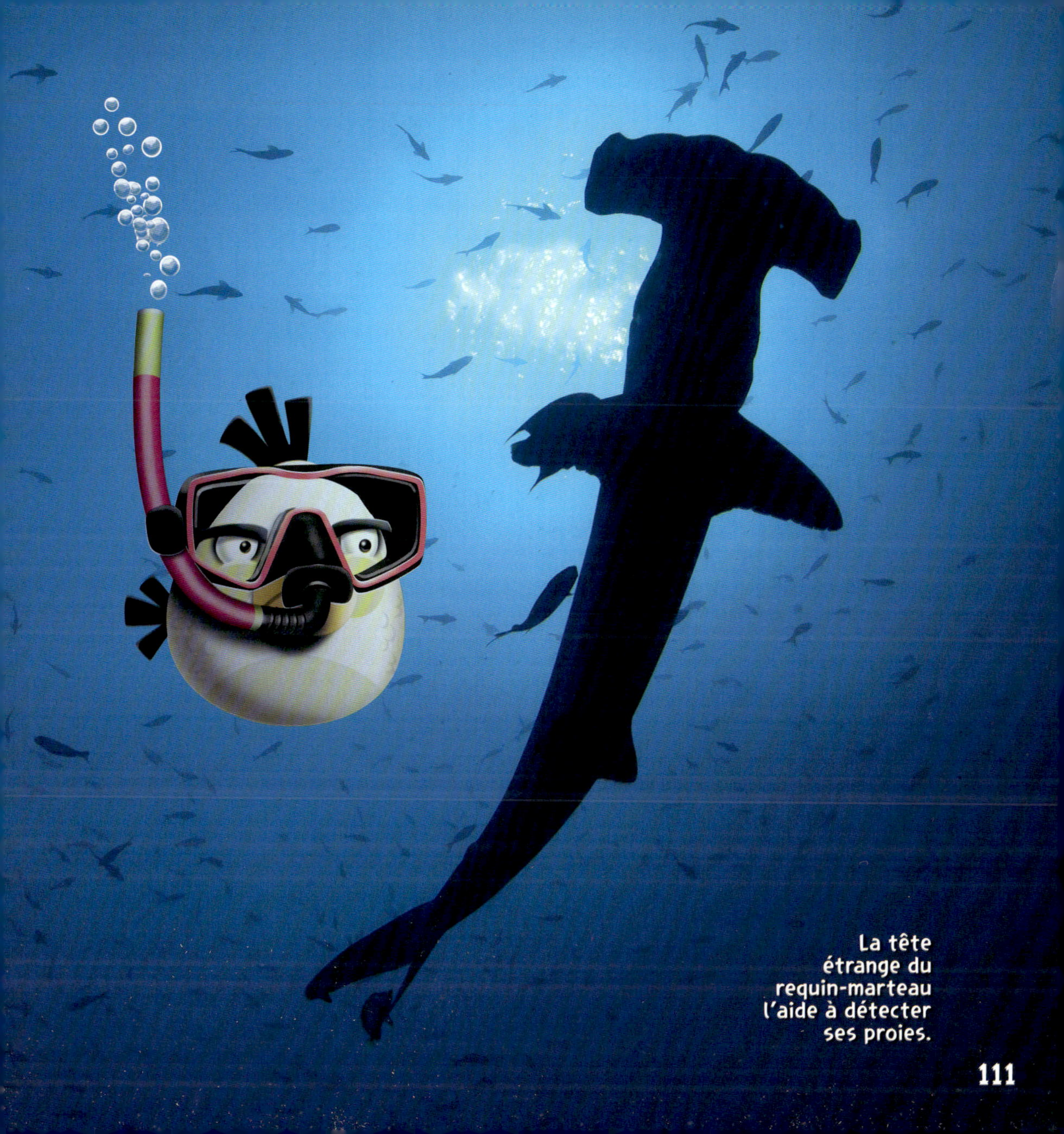

La tête étrange du requin-marteau l'aide à détecter ses proies.

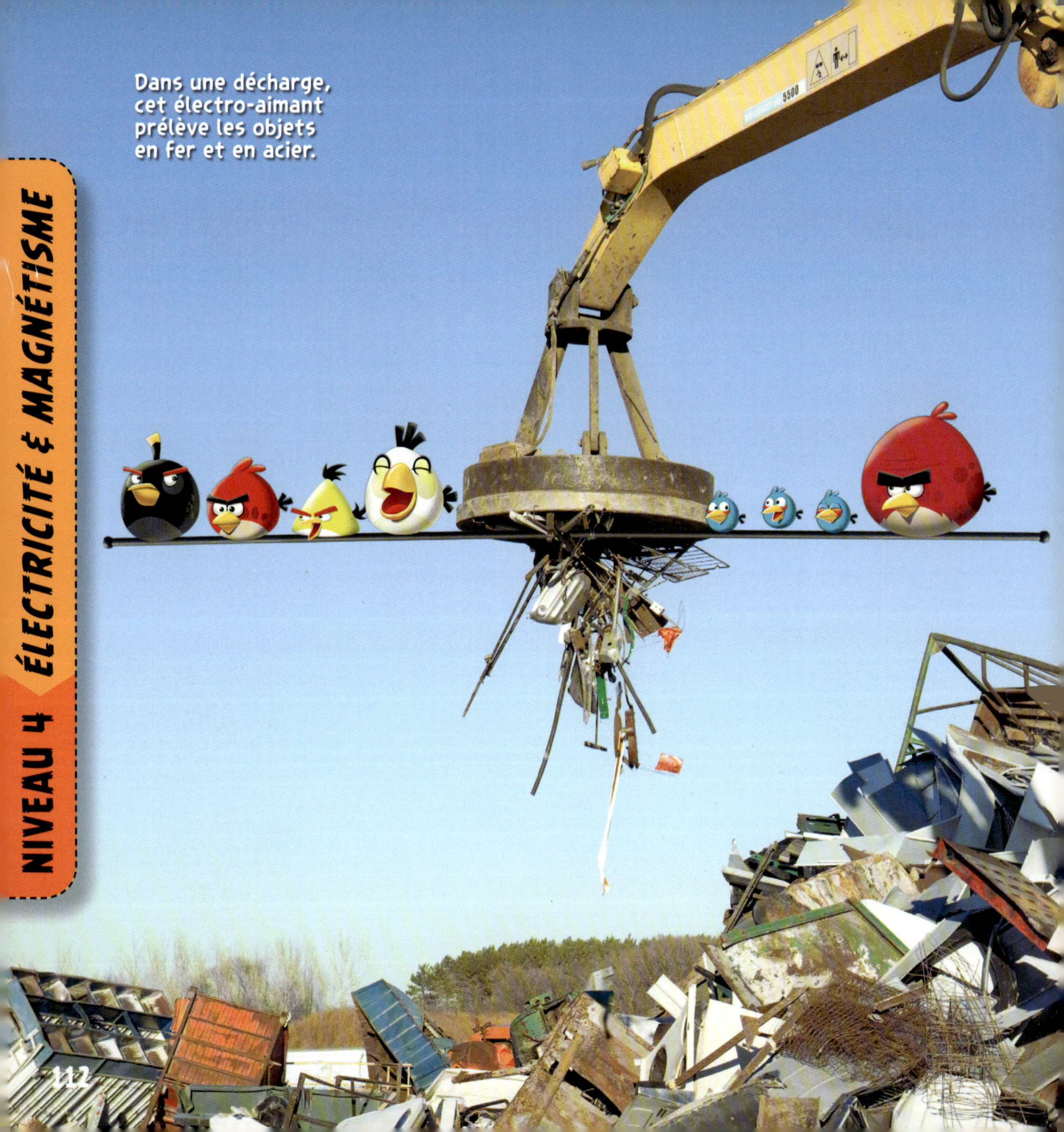

Dans une décharge, cet électro-aimant prélève les objets en fer et en acier.

COURANTS ÉLECTRIQUES & AIMANTS

Il n'y a pas que les aimants qui ont des champs magnétiques : les courants électriques en produisent aussi. Si vous n'avez jamais vu un électro-aimant, vous pouvez en fabriquer un avec des matériaux très simples. Il vous suffit d'enrouler un fil métallique autour d'un clou en fer. Branché sur une pile, votre électro-aimant aura suffisamment de force pour attirer des trombones.

QUE PEUT-ON FAIRE AVEC DE L'ÉLECTRICITÉ ET DES AIMANTS ?

Prenez la bobine de fil électrifiée et posez-la près d'un aimant. Si vous inversez régulièrement le sens du courant, l'aimant va être alternativement attiré et repoussé, et de plus en plus vite si vous augmentez la fréquence. Le fonctionnement d'un haut-parleur repose sur ce principe. L'aimant est solidaire d'une membrane et le sens du courant électrique est modulé en fonction de la musique. En bougeant très vite, la membrane reproduit les sons des voix et des instruments.

TRÈS PHYSIQUE

L'ÉLECTRO-AIMANT D'UN FERRAILLEUR PEUT SOULEVER UNE VOITURE.

L'ÉLECTRO-AIMANT A ÉTÉ INVENTÉ EN 1824 PAR WILLIAM STURGEON.

CE SONT DES ÉLECTRO-AIMANTS QUI FONT VIBRER LES TÉLÉPHONES PORTABLES.

ON FABRIQUE DES ÉLECTRO-AIMANTS AVEC DES CÂBLES GAINÉS, DONT L'ENROULEMENT PARTICULIER PRODUIT UN FORT CHAMP MAGNÉTIQUE.

AIMANTS & COURANTS ÉLECTRIQUES

On vient de voir que l'on peut créer un champ magnétique grâce à un courant électrique, mais l'inverse est-il possible? Oui, et c'est même la base de la production d'électricité dans le monde. On peut générer un courant électrique avec des aimants, en créant un champ magnétique variable.

QUE PEUT-ON FAIRE AVEC UN AIMANT ET UN FIL ÉLECTRIQUE ?

En faisant tourner continuellement un aimant autour d'une bobine de fil, on induit un courant électrique. Ce procédé assez simple est utilisé pour produire l'essentiel de l'électricité dont on a besoin pour les usages courants. Presque toutes les centrales électriques possèdent un aimant tournant, même si elles se servent de différents moyens pour le faire tourner (force de la vapeur, force du vent, de l'eau...).

TRÈS PHYSIQUE

LA PLUPART DES CENTRALES ÉLECTRIQUES UTILISENT DE LA VAPEUR POUR CRÉER DE L'ÉLECTRICITÉ.

L'USINE À CHARBON BRÛLE DU CHARBON POUR OBTENIR LA VAPEUR.

LA CENTRALE NUCLÉAIRE UTILISE UNE RÉACTION NUCLÉAIRE POUR SA VAPEUR.

EN 1821, MICHAEL FARADAY FÛT L'UN DES PREMIERS À ÉTUDIER LA RELATION ENTRE LES AIMANTS ET L'ÉLECTRICITÉ.

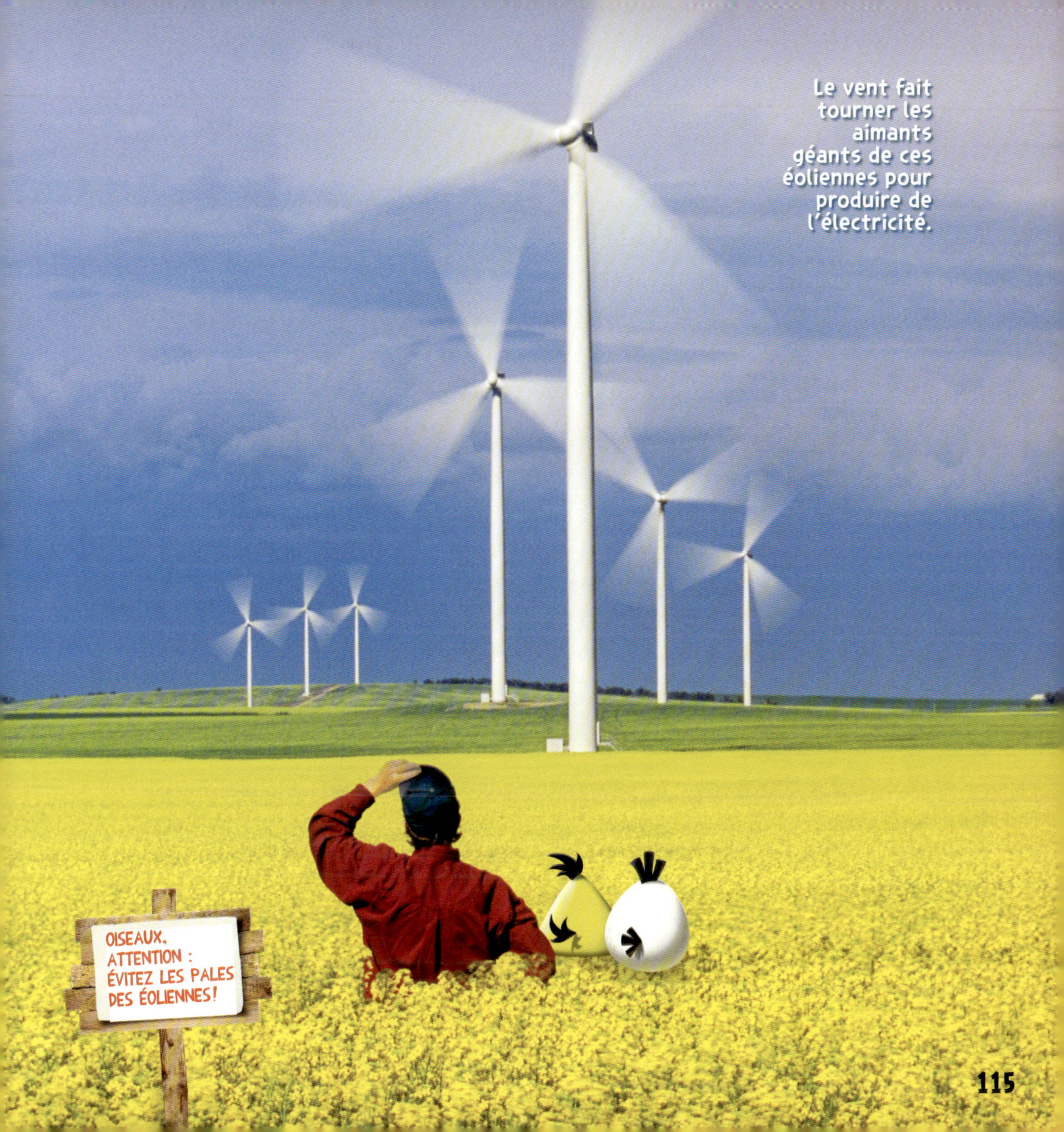

Le vent fait tourner les aimants géants de ces éoliennes pour produire de l'électricité.

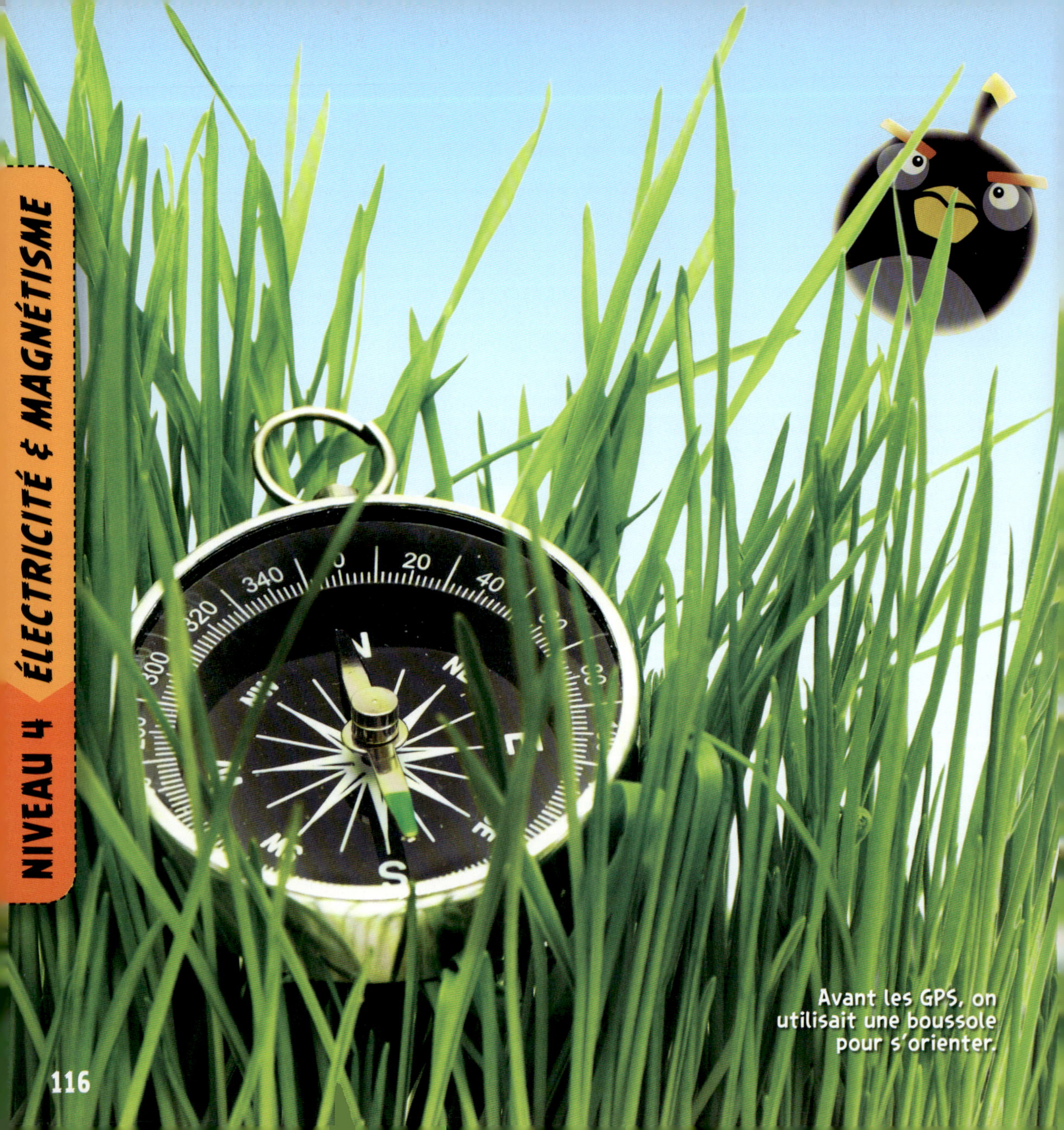

Avant les GPS, on utilisait une boussole pour s'orienter.

LA TERRE COMME UN AIMANT

Autrefois, pour ne pas se perdre, les voyageurs utilisaient une pierre nommée magnétite. Suspendue à un fil, la magnétite pointait toujours dans la direction du Nord, quel que fût l'endroit où l'on se trouvait. Vous avez deviné que la magnétite est en fait un aimant naturel. Grâce à cette roche, nos ancêtres ont inventé la boussole.

POURQUOI UNE BOUSSOLE INDIQUE-T-ELLE LE NORD ?

Lorsque deux aimants sont proches, leurs pôles nord et sud s'attirent. C'est le même principe qui est en œuvre avec une boussole. L'aiguille de la boussole est un petit aimant dont l'extrémité nord est attirée par le pôle sud d'un aimant géant : la Terre. Comme tout aimant, la Terre à un pôle Sud et un pôle Nord magnétiques.

PHYSIQUE EN JEU

POUR FABRIQUER VOTRE BOUSSOLE, PLANTEZ UNE AIGUILLE SUR UN DEMI BOUCHON DE LIÈGE ET FIXEZ UN AIMANT SUR L'AIGUILLE. POSEZ LE BOUCHON SUR L'EAU : IL VA S'ORIENTER EN DIRECTION DU NORD.

AURORES POLAIRES & VENT SOLAIRE

Il existe un phénomène spectaculaire qui met en évidence les propriétés magnétiques de la Terre et ses interactions avec le Soleil : les aurores boréales et australes. Ces aurores polaires sont de splendides effets lumineux dans le ciel à proximité des pôles Nord et Sud.

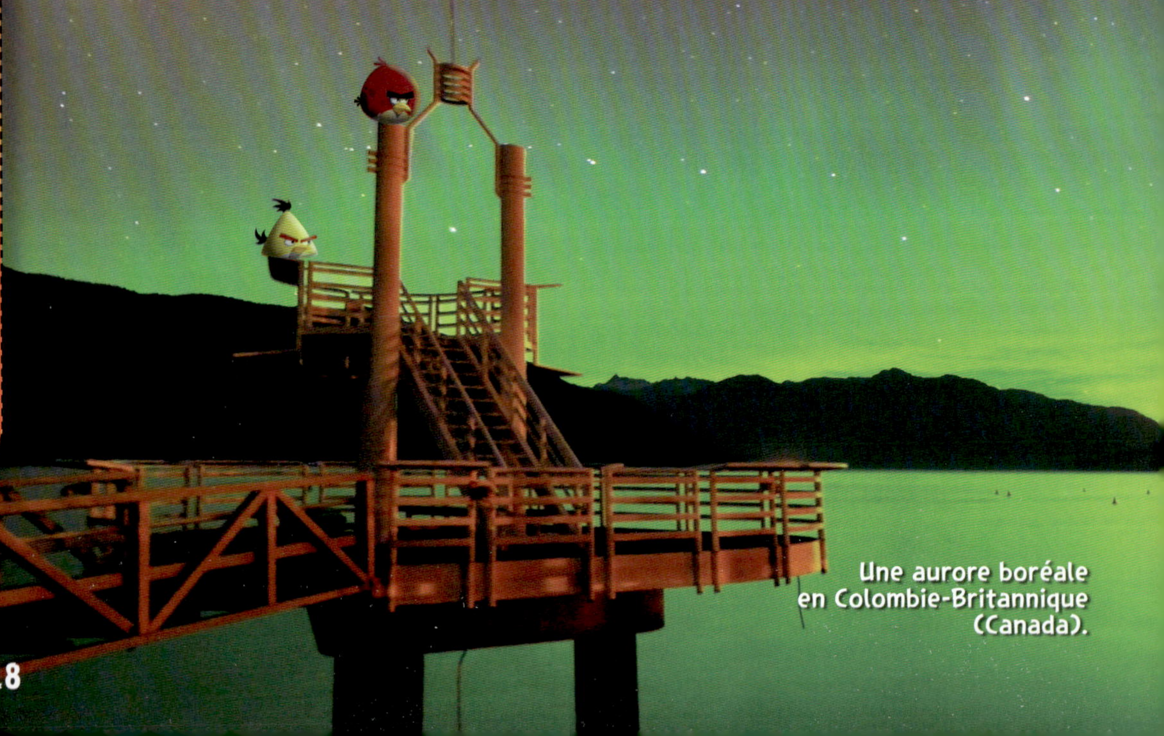

Une aurore boréale en Colombie-Britannique (Canada).

Le Soleil fournit bien plus que de la lumière et de la chaleur. Il projette à grande vitesse des particules chargées électriquement (en majorité des protons et des électrons) qui forment ce que l'on appelle le vent solaire. Ces particules en mouvement se comportent un peu comme un courant électrique, qui interagit avec les champs magnétiques.

COMMENT LE VENT SOLAIRE PRODUIT-IL DE LA LUMIÈRE ?

Le champ magnétique terrestre proche des pôles est assez fort pour provoquer une interaction entre les particules du vent solaire et les atomes de la haute atmosphère. Les protons et les électrons entrent en collision avec ces atomes, ce qui produit de la lumière sous forme de voiles colorés bleus ou verts, les aurores polaires. Une ampoule fluorescente fonctionne un peu sur le même principe et la couleur de sa lumière dépend du type de gaz qu'elle contient. Comment cette lumière est-elle produite ? Nous répondrons un peu plus tard à cette question...

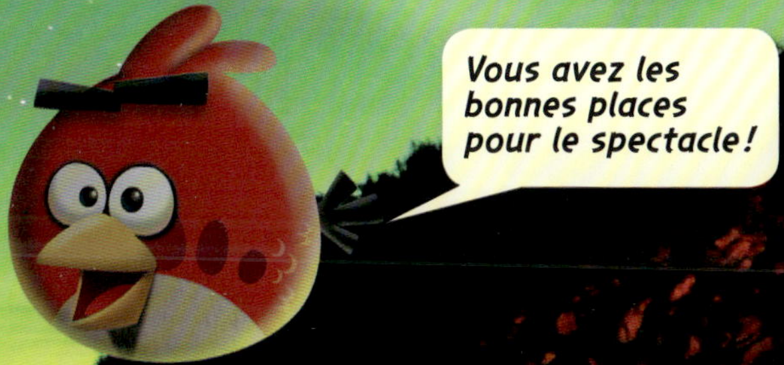

TRÈS PHYSIQUE

LE CHAMP MAGNÉTIQUE TERRESTRE EMPÊCHE LE VENT SOLAIRE D'ATTEINDRE LA SURFACE DE LA TERRE.

LE VENT SOLAIRE EST UN RAYONNEMENT TRÈS DANGEREUX POUR LA VIE SUR TERRE.

L'AIMANT D'UN RÉFRIGÉRATEUR EST 100 FOIS PLUS PUISSANT QUE LE CHAMP MAGNÉTIQUE TERRESTRE.

ON CONSIDÈRE QUE LE CHAMP MAGNÉTIQUE TERRESTRE EST PARALLÈLE AU SOL, MAIS IL EXISTE AUSSI SOUS TERRE, EN PARTICULIER AU NIVEAU DES PÔLES.

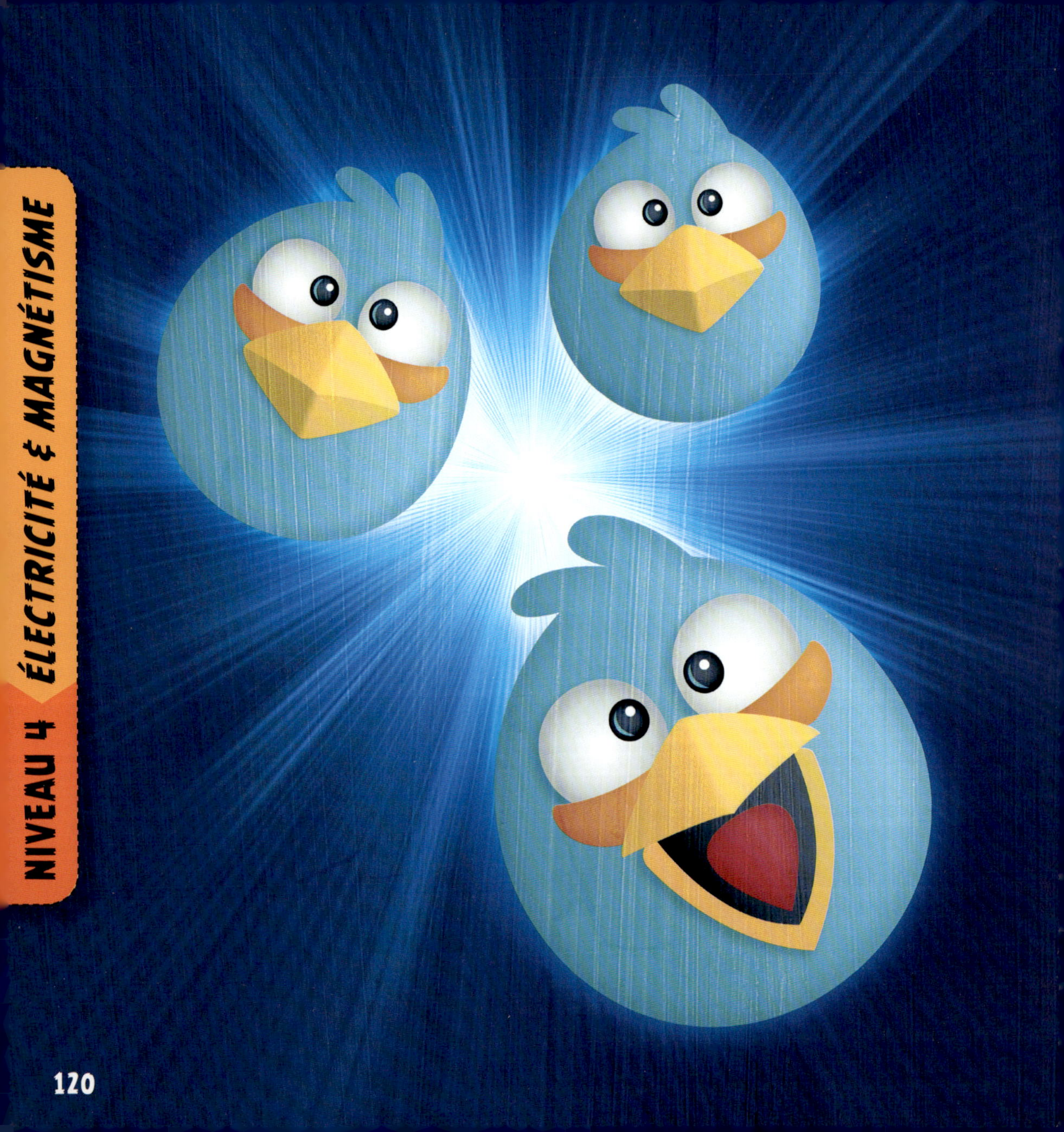

LES BLEUS

TOUS POUR UN ET UN POUR TOUS!

Fraîchement sorti du nid, voici un trio qui ne rate jamais une occasion de faire des étincelles. Quand les Bleus combinent leurs pouvoirs, le résultat est vraiment spectaculaire. Comme les collisions de particules énergétiques qui génèrent les aurores polaires, la réunion des Bleus illumine pour plusieurs jours le ciel des Angry Birds! Vitesse, ardeur et travail d'équipe sont les secrets de leurs éblouissantes actions.

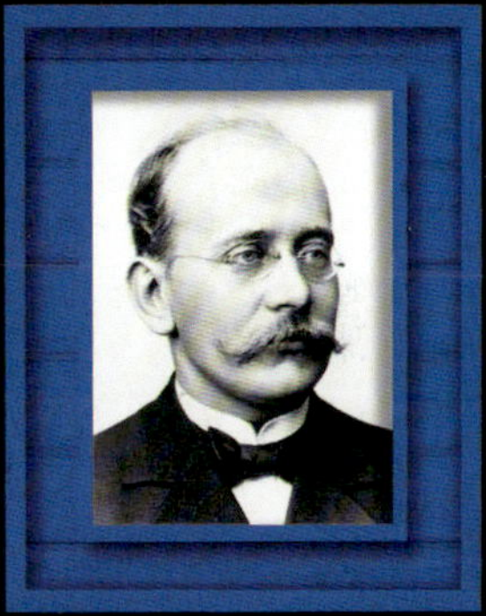

KRISTIAN BIRKELAND

2 000 000 °C = température de la couronne solaire

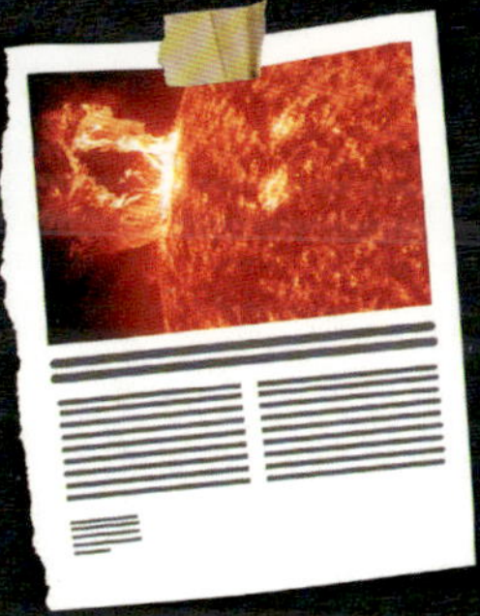

NOM : LES BLEUS

CE QUI LES FAIT BOUGER : CHACUN D'EUX

STRATÉGIE FAVORITE : S'UNIR ET CONQUÉRIR

PHYSIQUE EN JEU : LE VENT SOLAIRE PEUT ÉCHAPPER À LA FORCE GRAVITATIONNELLE DU SOLEIL GRÂCE À SON HAUT NIVEAU D'ÉNERGIE CINÉTIQUE ET AUX TEMPÉRATURES ÉLEVÉES DE LA COURONNE SOLAIRE.

Le train à sustentation magnétique de Shanghai flotte sur un champ magnétique et se déplace à grande vitesse!

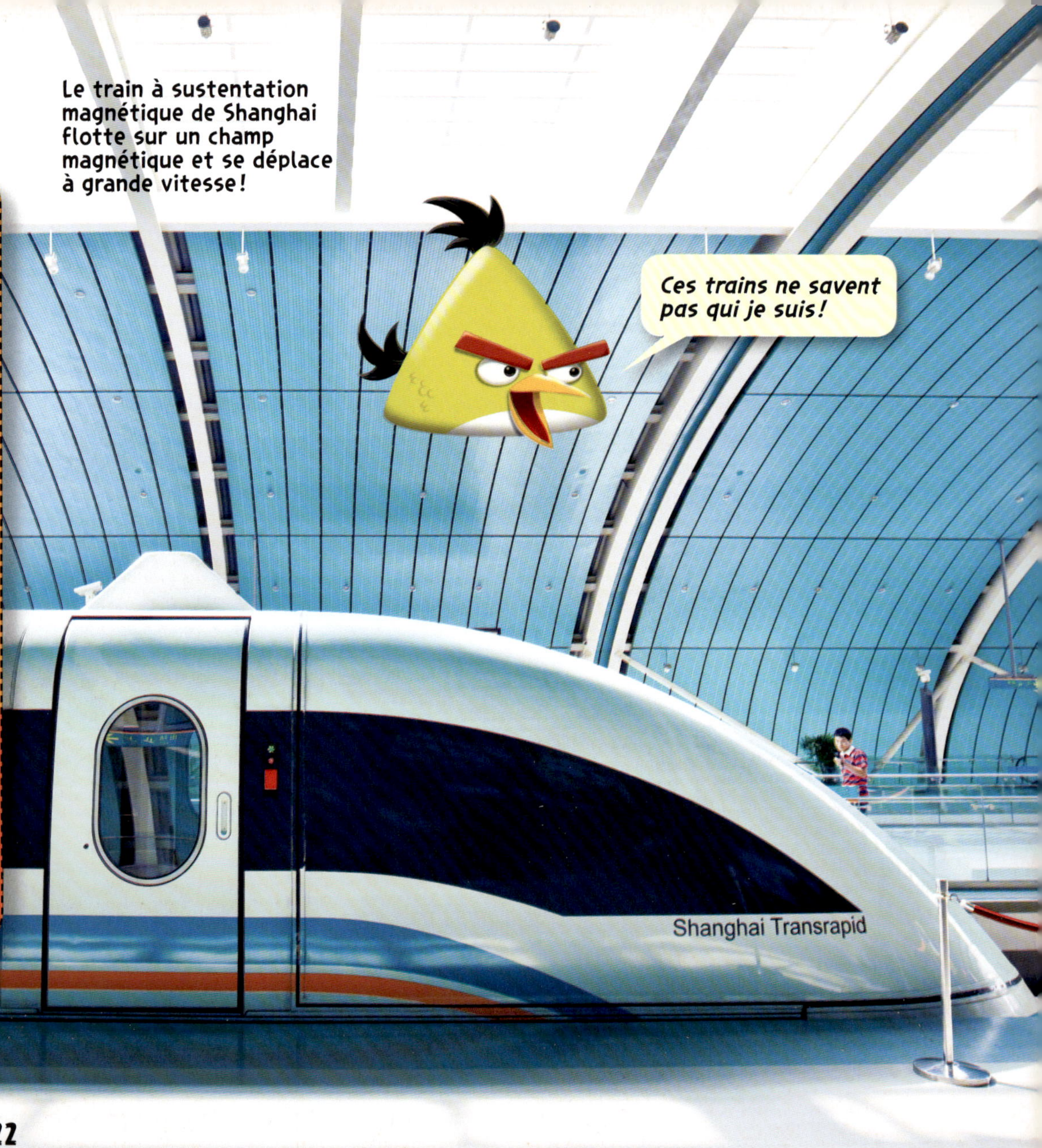

LES TRAINS À SUSTENTATION MAGNÉTIQUE

Les trains ont beaucoup évolué depuis la première locomotive à vapeur. Certains dépassent maintenant les 500 km/h, mais le contact de leurs roues sur les rails s'accompagne de frictions qui limitent leur vitesse. Avec les champs magnétiques, il a été possible de construire des trains sans roues, et sans frictions!

COMMENT CONSTRUIRE UN TRAIN SANS ROUES?

Les pôles nord et sud des aimants se repoussent mutuellement : c'est grâce à ce phénomène que le train à sustentation magnétique flotte au-dessus des rails sans les toucher. Mais comment lui fait-on prendre de la vitesse?

Les aimants situés dans les rails et dans le train ont une double fonction : ils permettent de suspendre le train au-dessus des rails, mais aussi de le faire accélérer. Une série d'aimants est disposée le long du rail. Les aimants situés en avant du train l'attirent et ceux situés en arrière le repoussent. Ce système présente des avantages mais aussi des inconvénients par rapport aux trains classiques. Toutefois, il est très rapide et consomme beaucoup moins d'énergie.

PHYSIQUE EN JEU

FABRIQUEZ VOTRE TRAIN À SUSTENTATION MAGNÉTIQUE. PRENEZ UNE GOUTTIÈRE DE TOIT, EN PLASTIQUE, ET COLLEZ À L'INTÉRIEUR UNE BANDE MAGNÉTIQUE, DANS LE SENS DE LA LONGUEUR, PUIS PLACEZ UN PETIT AIMANT DE CÉRAMIQUE AU-DESSUS DE CE "RAIL".

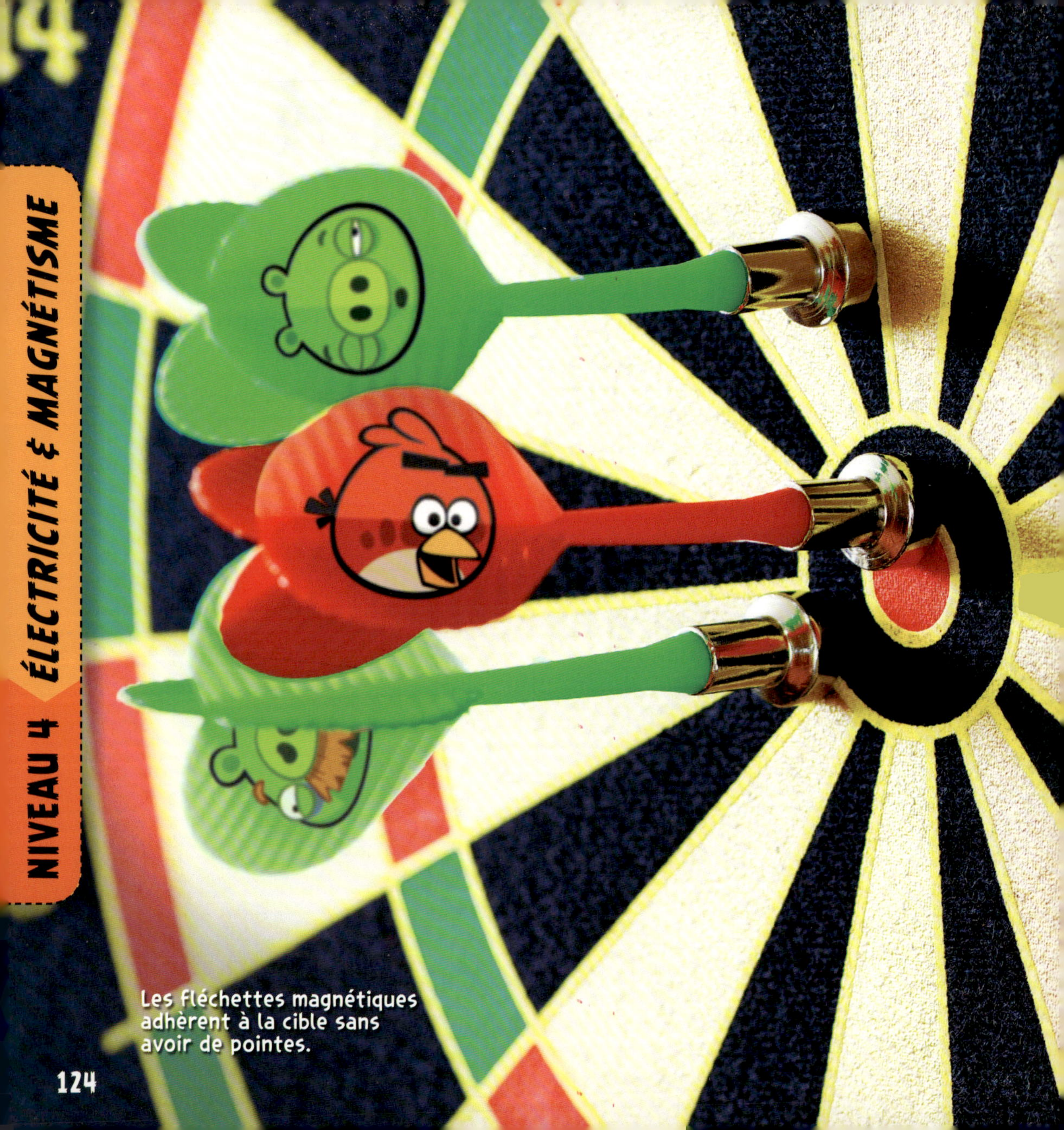

Les fléchettes magnétiques adhèrent à la cible sans avoir de pointes.

LES MATÉRIAUX MAGNÉTIQUES

Pourquoi certains objets, contenant du fer, agissent comme des aimants et d'autres non? Le fer est composé d'un grand nombre de minuscules aimants. Mais, pour qu'il produise un champ magnétique, il faut que tous ces micro-aimants soient bien alignés, avec leurs pôles nord tous orientés dans la même direction.

QU'EST-CE QUE CES «MICRO-AIMANTS»?

Il s'agit en fait des atomes de fer. Les électrons présents dans ces atomes agissent comme de minuscules circuits électriques et créent des champs magnétiques. D'autres matériaux (comme le cuivre) ont des électrons qui créent aussi des champs magnétiques, mais leur agencement fait que tous ces champs s'annulent.

PHYSIQUE EN JEU

SI ON FORCE LES MICRO-AIMANTS D'UN CLOU À S'ORIENTER DANS LE MÊME SENS PAR UN CONTACT PROLONGÉ AVEC UN AIMANT, LE CLOU DEVIENDRA LUI-MÊME UN AIMANT ET POURRA SERVIR DE BOUSSOLE.

LES DÉTECTEURS DE MÉTAUX

Vous avez sans doute déjà vu des personnes utiliser un détecteur de métaux pour chercher des objets métalliques proches de la surface du sol. Comment ce détecteur fonctionne-t-il? Grâce à deux bobines.

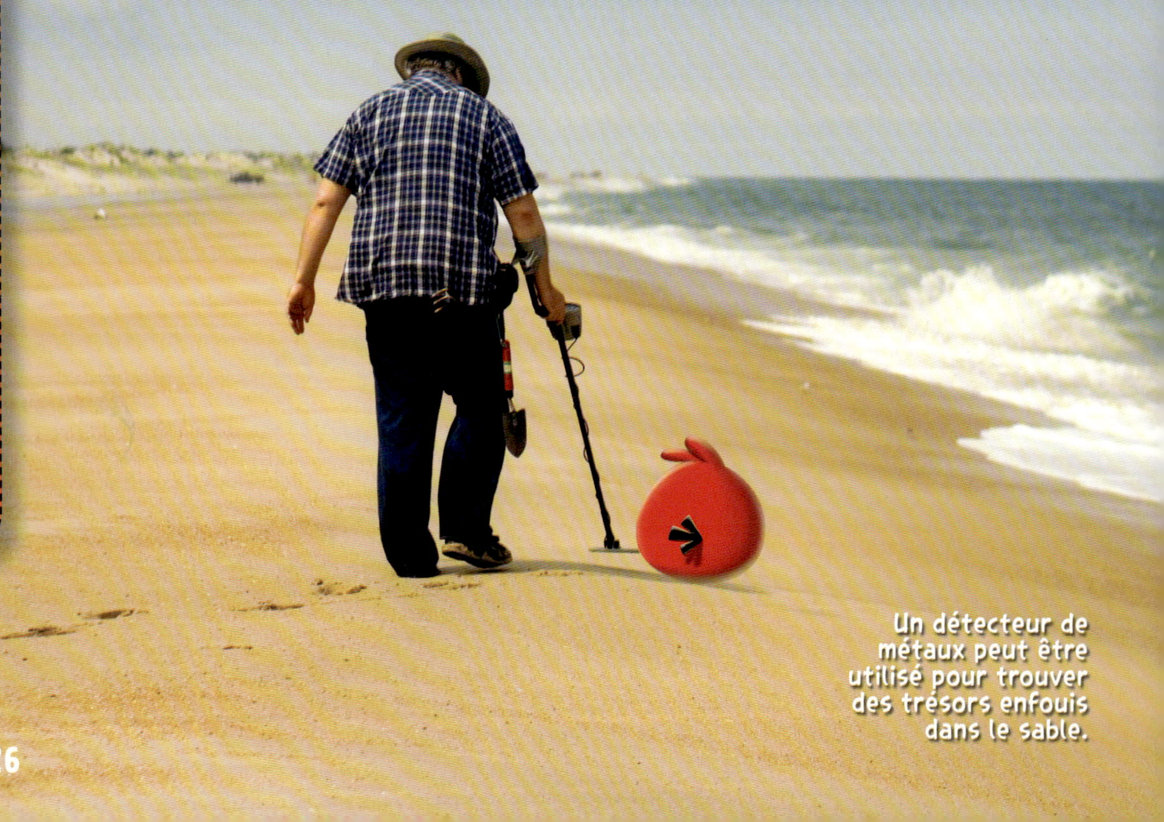

Un détecteur de métaux peut être utilisé pour trouver des trésors enfouis dans le sable.

L'une des deux est traversée par un courant électrique qui crée un champ magnétique. Et que se passe-t-il quand un objet métallique entre dans ce champ magnétique ? Un courant va se créer dans l'objet et ce courant va à son tour créer un champ magnétique. On commence à deviner la suite…

COMMENT LES DÉTECTEURS DE MÉTAUX FONCTIONNENT-ILS ?

C'est là qu'intervient la seconde bobine : elle est utilisée pour détecter le champ magnétique induit, provenant de la pièce de métal enfouie dans le sol. Cela fonctionne pour tous les objets conducteurs. Un détecteur peut donc trouver n'importe quel type de métal (or, argent, aluminium…), et pas seulement des métaux magnétiques comme le fer. Mais attention, l'utilisation de ces détecteurs est très contrôlée.

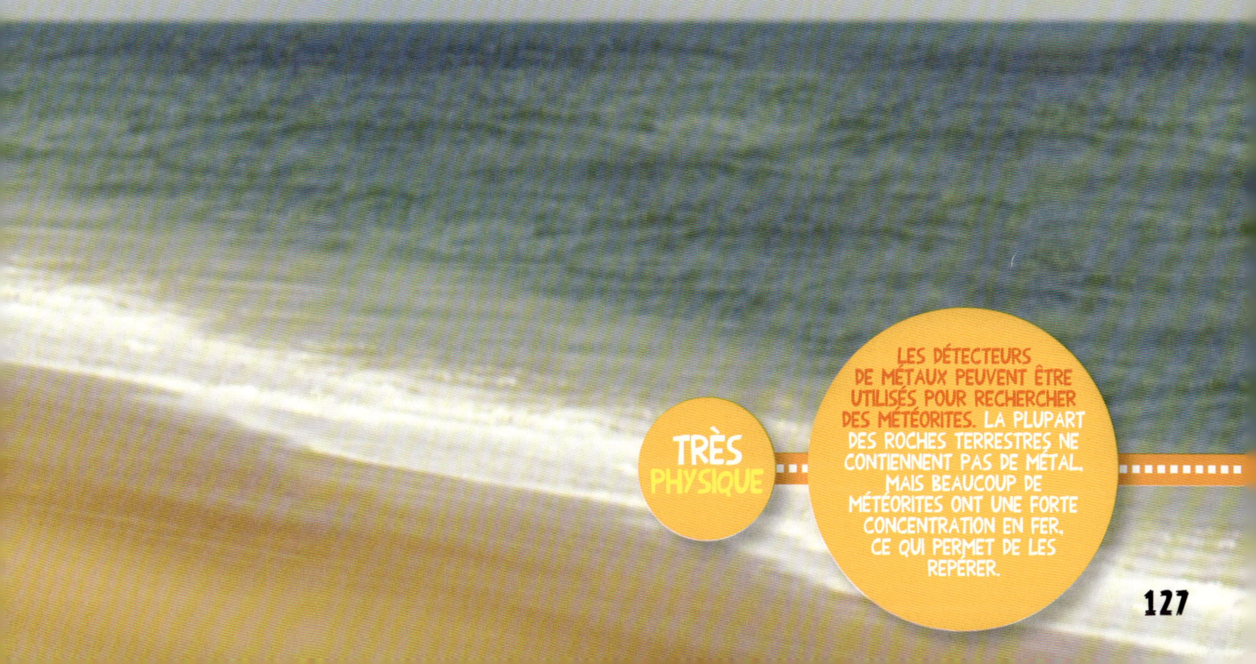

TRÈS PHYSIQUE

LES DÉTECTEURS DE MÉTAUX PEUVENT ÊTRE UTILISÉS POUR RECHERCHER DES MÉTÉORITES. LA PLUPART DES ROCHES TERRESTRES NE CONTIENNENT PAS DE MÉTAL, MAIS BEAUCOUP DE MÉTÉORITES ONT UNE FORTE CONCENTRATION EN FER, CE QUI PERMET DE LES REPÉRER.

NIVEAU 5 LES PARTICULES ET AU-DELÀ

La physique des particules étudie les particules élémentaires, sous forme de matière ou de radiations.

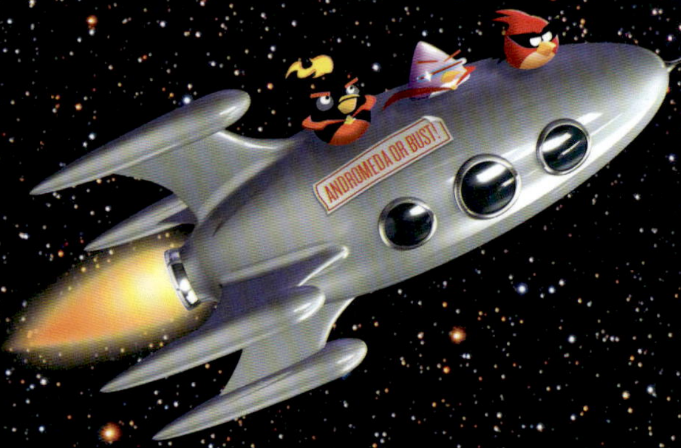

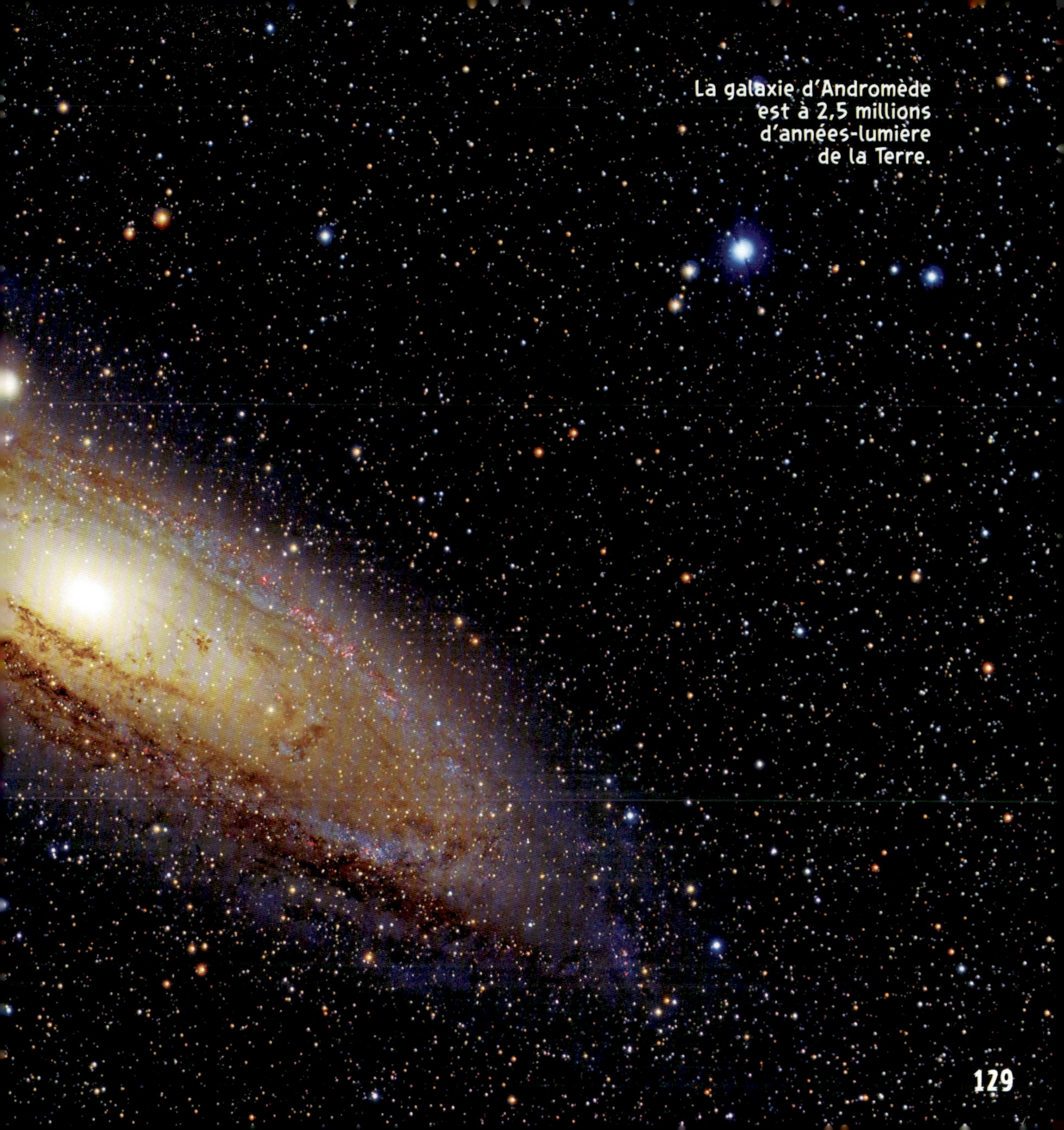

La galaxie d'Andromède est à 2,5 millions d'années-lumière de la Terre.

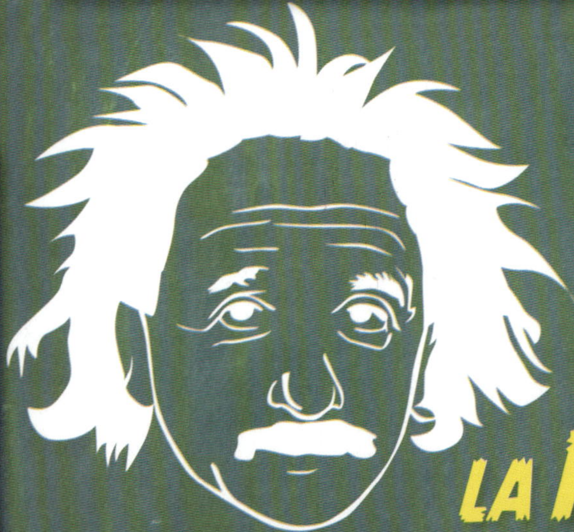

$$E = mc^2$$

LA RELATIVITÉ

Quand les objets se déplacent très rapidement, les lois physiques classiques deviennent imparfaites pour les décrire. Ils ne sont pas perçus de la même manière si l'observateur reste sur place ou s'il se déplace avec eux : dans ce cas, les objets auraient d'autres caractéristiques – une masse et une taille différentes – et le temps s'écoulerait plus lentement.

C'est pour ces raisons qu'on parle de « relativité » ; les caractéristiques des objets sont relatives : le temps, leur énergie et leur masse dépendent en fait de leur vitesse et de celle de l'observateur. Ces notions étonnantes sont difficiles à comprendre…

Tout objet ayant une masse ne peut aller plus vite (ni même aussi vite) que la lumière, dont la vitesse, de 300 000 kilomètres par seconde, est le maximum théorique. La relativité s'applique aux objets quelle que soit leur vitesse, mais on ne remarque rien tant que cette vitesse n'atteint pas 10 % de celle de la lumière.

VOIR CE QUI EST TRÈS PETIT

En examinant un cheveu à la loupe, on remarque de nombreux détails invisibles à l'œil nu. Comment faire pour observer des objets encore plus petits, pour voir les cellules qui composent nos cheveux ? Il suffit d'utiliser un microscope optique. Pourtant, même avec le microscope optique le plus puissant que l'on puisse imaginer, on ne peut distinguer des composants encore plus petits, tels que les molécules qui constituent les cellules.

À cause des propriétés de la lumière, on ne peut pas voir des objets dont la taille est inférieure à 200 nanomètres (0,0002 millimètre). C'est déjà minuscule, mais comme une molécule d'eau ne fait que 0,4 nanomètre, il demeure impossible de l'apercevoir ! Pour pouvoir observer des structures si petites, il faut avoir recours à un microscope électronique, ne fonctionnant pas avec de la lumière, mais avec des électrons.

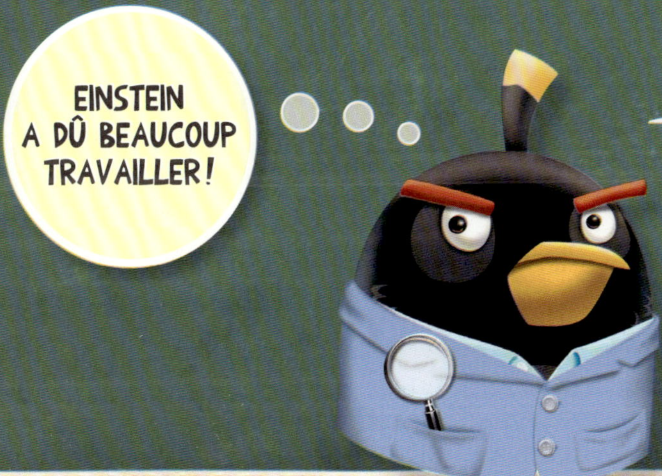

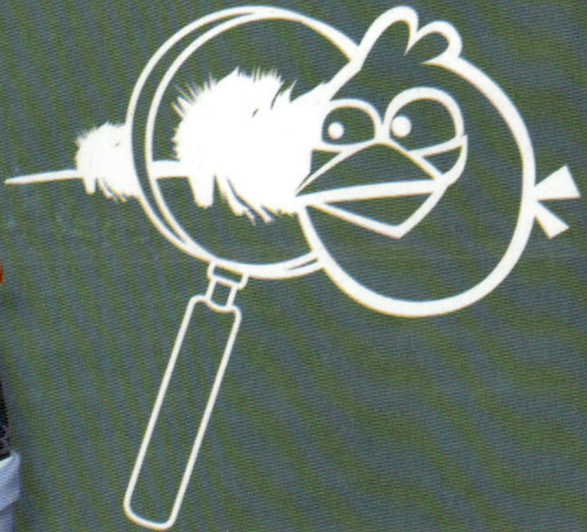

LES BRIQUES DE LA MATIÈRE

Vous avez probablement déjà construit un château, une voiture ou une fusée avec des cubes ou d'autres matériaux. Dans la nature, cela se passe un peu pareil : les arbres, les animaux, les océans et les planètes sont tous des assemblages d'éléments de construction extrêmement petits, les atomes.

Un clou en fer est formé d'atomes de fer, une bague en or d'atomes d'or. Le sel de cuisine, lui, est un mélange d'atomes de sodium et de chlore. D'autres objets ont une composition plus complexe, à base de molécules, qui sont des groupements d'atomes liés entre eux.

Nous avons déjà vu que les atomes étaient eux-mêmes faits d'électrons, de protons et de neutrons. Mais serait-il possible de casser un électron ou un proton et d'obtenir des particules encore plus petites? La réponse est oui pour le proton et le neutron, dont les constituants sont appelés « quarks », mais cela ne semble pas être possible en ce qui concerne les électrons, du moins dans l'état actuel de nos connaissances.

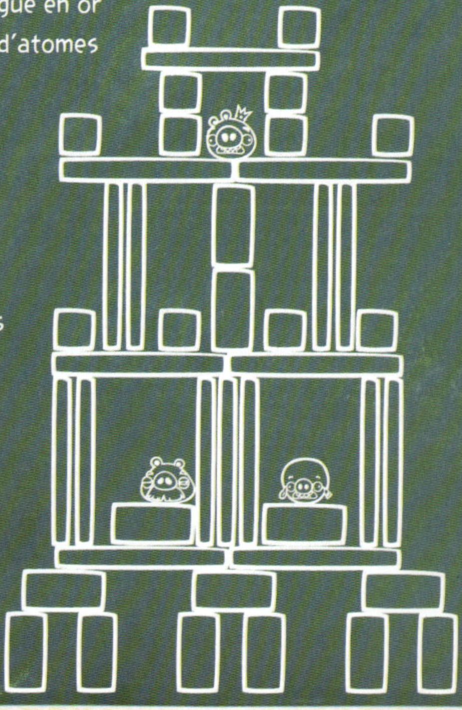

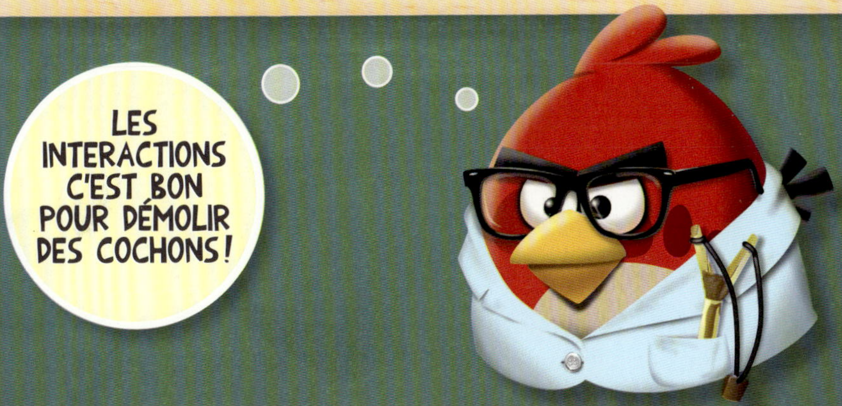

QUATRE INTERACTIONS FONDAMENTALES

Nous avons déjà observé plusieurs interactions fondamentales, en particulier les forces **gravitationnelle** et **électromagnétique**. Il existe deux autres interactions fondamentales. La première est la **force nucléaire faible**, responsable de phénomènes tels que la désintégration des neutrons : lorsqu'il se retrouve isolé, un neutron ne survit pas longtemps et donne un proton, un électron et un neutrino (une autre particule élémentaire).

La quatrième interaction fondamentale est la **force nucléaire forte**. Prenons l'exemple d'un atome contenant deux protons et deux neutrons, l'hélium. Les deux protons sont très proches l'un de l'autre malgré leur charge positive identique. Comment cela se peut-il, puisqu'ils devraient se repousser ? C'est parce qu'il existe une autre force, encore plus puissante, qui les tient rassemblés. Pour cette raison, elle est appelée **interaction forte**. Elle régit les relations entre les particules appelées « hadrons », dont le proton et le neutron font partie.

Représentation
de notre Galaxie,
en forme de spirale.

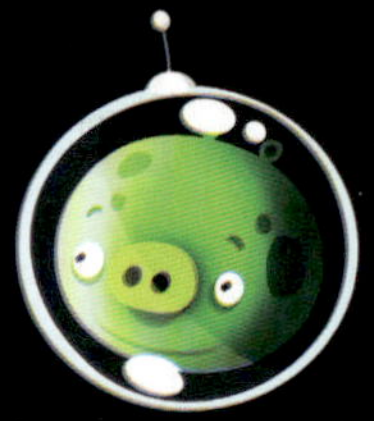

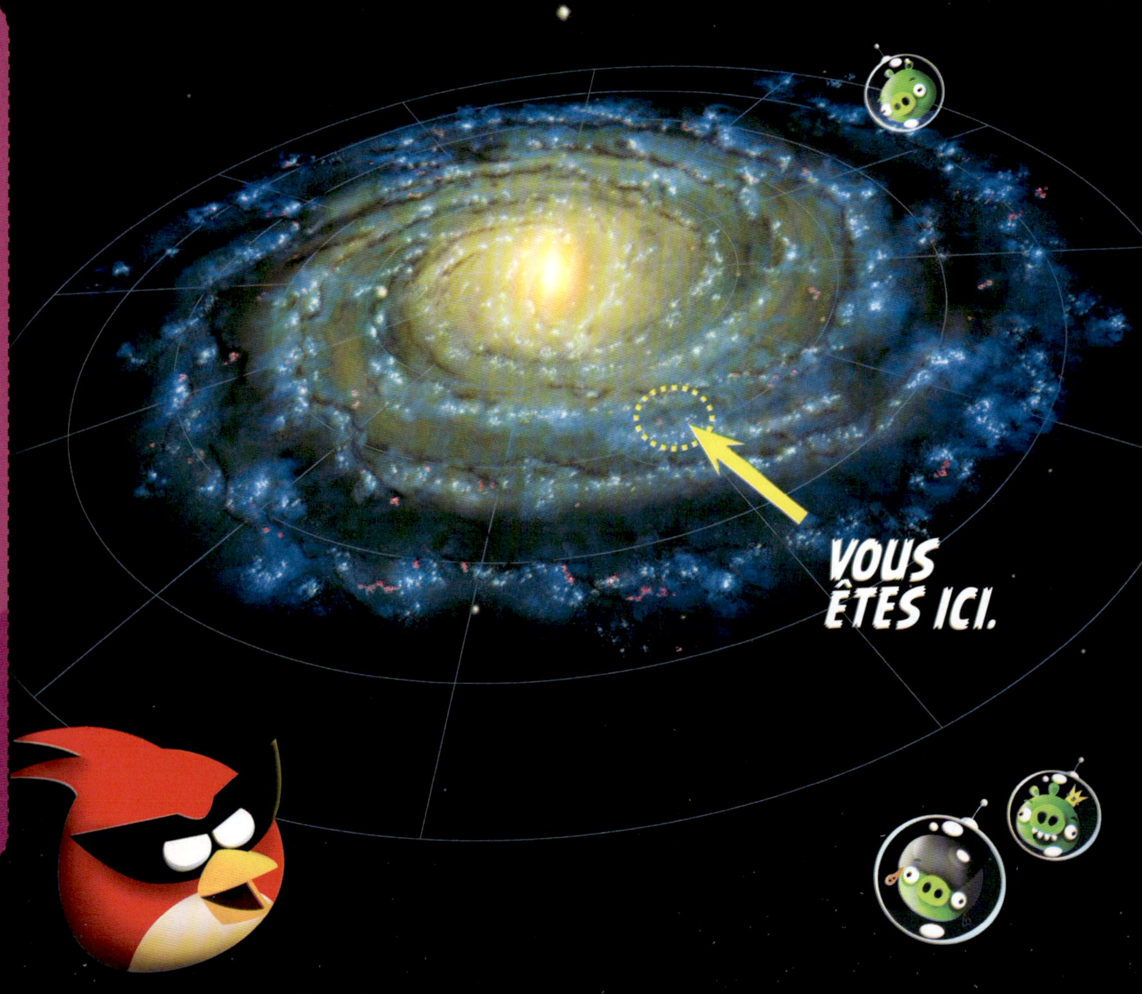

LES ÉCHELLES DE L'UNIVERS

Quelle est la taille d'un cristal de sel? Très petite. Et la taille d'un atome? Vraiment très petite... Hum! Notre langue manque de mots pour décrire à quel point les choses peuvent être minuscules.

Il en est de même pour le très grand. La Terre est grande. Le Système solaire beaucoup plus grand. Et qu'en est-il de la Galaxie?

COMMENT DÉCRIRE L'EXTRÊMEMENT PETIT OU GRAND?

Inutile de choisir le mètre pour exprimer la taille d'un atome. Il vaut mieux utiliser le nanomètre. Il y a un milliard de nanomètres dans un mètre. Avec cette unité, on peut dire qu'un atome mesure 0,1 nanomètre.

Pour l'infiniment grand, l'année-lumière est une bonne unité. Elle correspond à la distance que parcourt la lumière dans le vide en un an. À la vitesse de 300 millions de mètres par seconde, une année-lumière correspond donc à 9,5 millions de milliards de mètres.

PHYSIQUE EN JEU

POUR REPRÉSENTER LES TRÈS GRANDS NOMBRES, ON UTILISE UNE BASE DE 10, AVEC UN EXPOSANT QUI INDIQUE LE NOMBRE DE ZÉROS. AINSI, UN MILLION (1 000 000) PEUT ÊTRE ÉCRIT 1×10^6.

L'ORIGINE DE L'UNIVERS

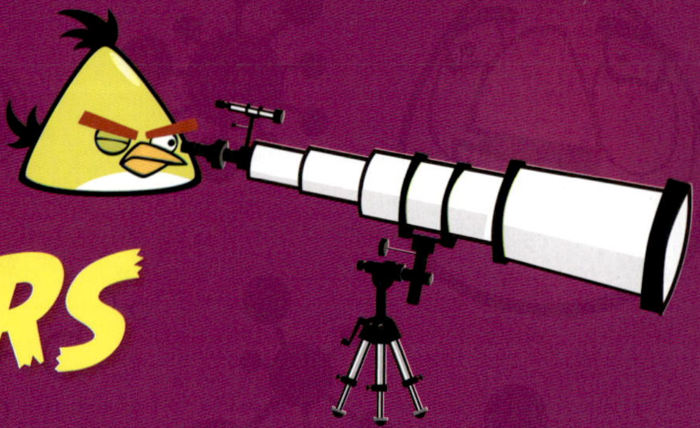

Vous souvenez-vous de l'effet Doppler, expliqué à propos des ondes sonores ? On observe un phénomène comparable avec la lumière. Si une étoile s'éloigne de nous à grande vitesse, sa couleur nous paraît plus rouge qu'en réalité (c'est-à-dire d'une longueur d'onde plus grande). Si elle s'approche de nous, c'est l'inverse et sa lumière se décale vers le bleu.

COMMENT SAIT-ON QUE L'UNIVERS S'AGRANDIT ?

En 1929, l'astronome Edwin Hubble constate que la lumière de presque toutes les galaxies est décalée vers le rouge, signifiant qu'elles s'éloignent de nous. Il remarque aussi que plus une galaxie est lointaine, plus ce décalage vers le rouge est grand. Ces découvertes ont imposé l'idée que l'Univers est en expansion et qu'il a eu un début, le fameux Big Bang.

PHYSIQUE EN JEU

VOUS POUVEZ COMPRENDRE L'EXPANSION DE L'UNIVERS AVEC UN BALLON DE CAOUTCHOUC PEU GONFLÉ SUR LEQUEL VOUS DESSINEZ AU MARQUEUR QUELQUES ÉTOILES. MAINTENANT GONFLEZ MIEUX CE BALLON : LA DISTANCE ENTRE TOUTES LES ÉTOILES AUGMENTE. LA MÊME CHOSE SE PRODUIT DANS L'UNIVERS QUI S'AGRANDIT.

Le fond diffus cosmologique (ou rayonnement fossile) provient de la lumière émise peu après le Big Bang, qui s'est transformée et diluée dans l'espace à mesure que l'Univers grandissait.

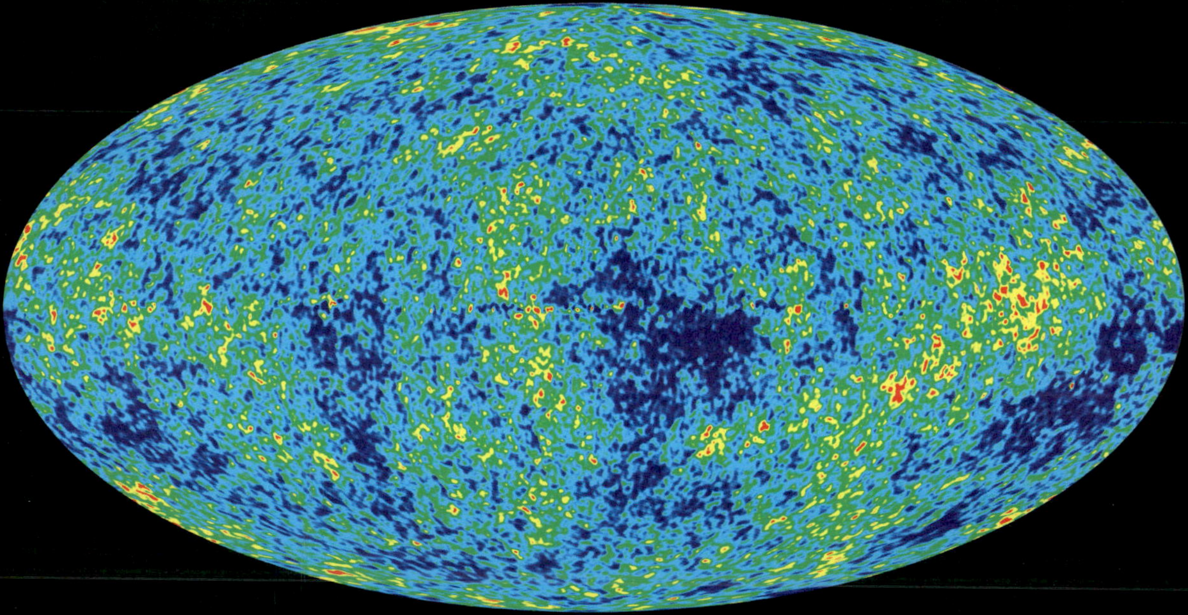

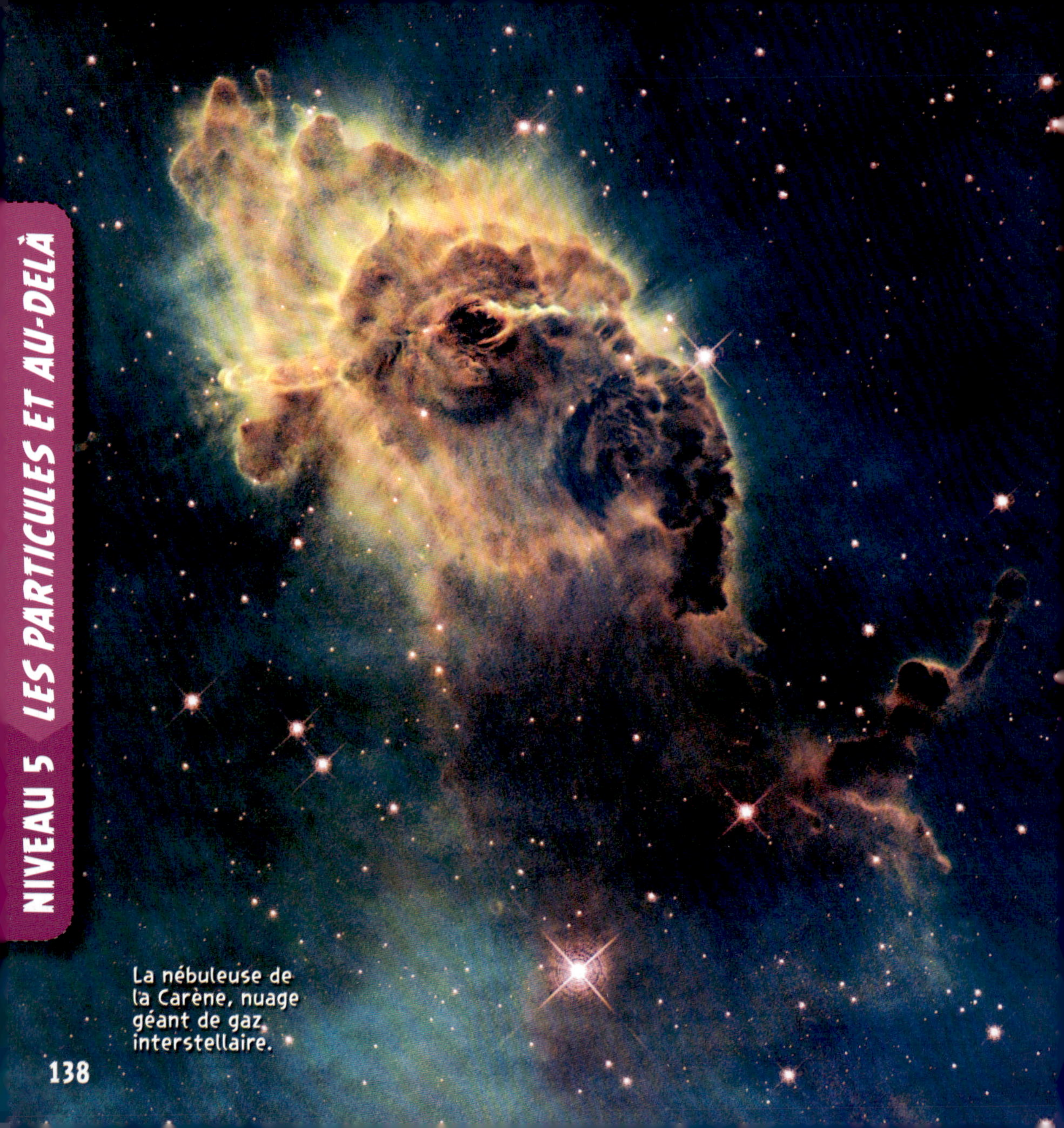

La nébuleuse de la Carène, nuage géant de gaz interstellaire.

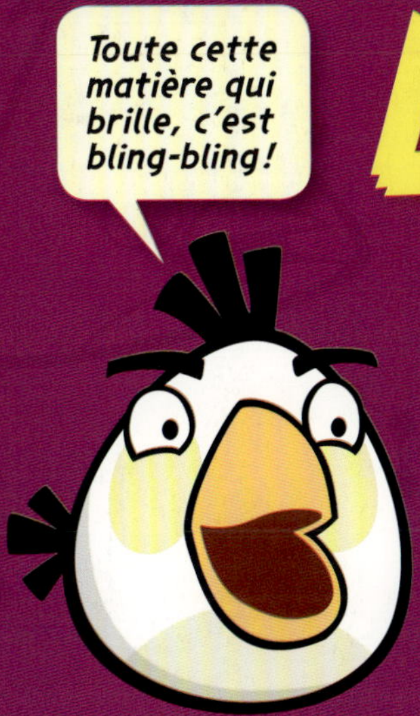

LA MATIÈRE DE L'UNIVERS

Si l'on faisait l'inventaire de tous les éléments de l'Univers, on constaterait que l'hydrogène est le plus commun, suivi par l'hélium. Ces deux atomes sont aussi les plus simples.

COMMENT LES ATOMES SONT-ILS NÉS ?

Pour réunir les protons et les neutrons qui composent la matière, il faut une énorme énergie. L'hydrogène et l'hélium ont été fabriqués alors que l'Univers était encore incroyablement chaud, après le Big Bang. Les atomes plus lourds se sont construits dans les étoiles, à partir d'éléments plus légers. Mais, au-delà du fer, avec ses 26 protons par atome, même l'énergie d'une étoile ne suffit plus, à moins qu'elle explose : les éléments plus lourds, comme l'or ou l'uranium, sont nés à la faveur d'explosions cosmiques hautement énergétiques.

TRÈS PHYSIQUE

- APRÈS L'HYDROGÈNE ET L'HÉLIUM, LES ATOMES LES PLUS ABONDANTS DE L'UNIVERS SONT LE CARBONE ET L'OXYGÈNE.
- L'ÉLÉMENT LE PLUS ABONDANT DE LA CROÛTE TERRESTRE EST L'OXYGÈNE.
- L'ÉLÉMENT LE PLUS ABONDANT DE L'ATMOSPHÈRE EST L'AZOTE.
- TOUS LES ATOMES CONNUS SONT RECENSÉS DANS LE TABLEAU PÉRIODIQUE DES ÉLÉMENTS.

LES ACCÉLÉRATEURS DE PARTICULES

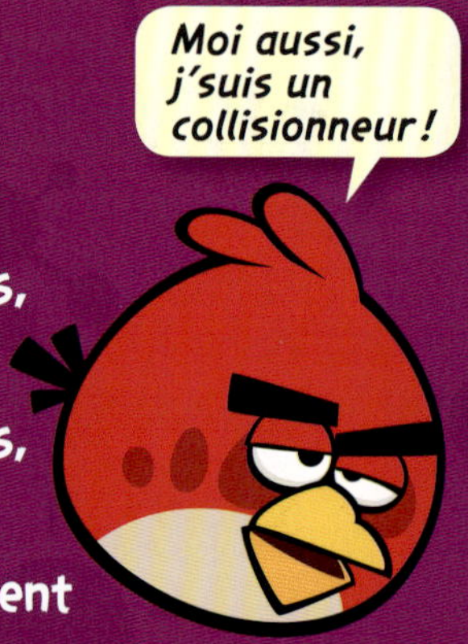

Les protons sont bien trop petits pour être observés, mais leurs collisions peuvent être visibles. Des machines comme le Grand collisionneur de hadrons, *Large Hadron Collider* en anglais (LHC), du Centre européen pour la recherche nucléaire (CERN) permettent d'étudier la matière en provoquant des chocs entre particules à une vitesse proche de celle de la lumière.

COMMENT PEUT-ON FAIRE ALLER DES PARTICULES SI VITE ?

L'idée de base est d'utiliser la charge électrique des particules pour les accélérer, tout en contrôlant leur trajectoire. Le LHC utilise de gros aimants supraconducteurs, sur un parcours circulaire de 27 km de circonférence. Pour atteindre la vitesse et le niveau d'énergie désirés, les hadrons (des particules telles que les protons) doivent effectuer un grand nombre de tours avant d'être déviés vers leur cible. Le LHC est l'un des plus grands projets scientifiques au monde.

TRÈS PHYSIQUE

- LE LHC UTILISE PLUS DE 1 500 AIMANTS SUPRA-CONDUCTEURS.
- LES AIMANTS DU LHC SONT REFROIDIS À UNE TEMPÉRATURE PROCHE DE -271 °C.
- LE LHC PASSE SOUS LA FRONTIÈRE FRANCO-SUISSE, À 100 MÈTRES SOUS TERRE.
- LE CERN FÛT LA PREMIÈRE INSTITUTION À CONFIRMER L'EXISTENCE DU BOSON DE HIGGS, EN 2012.

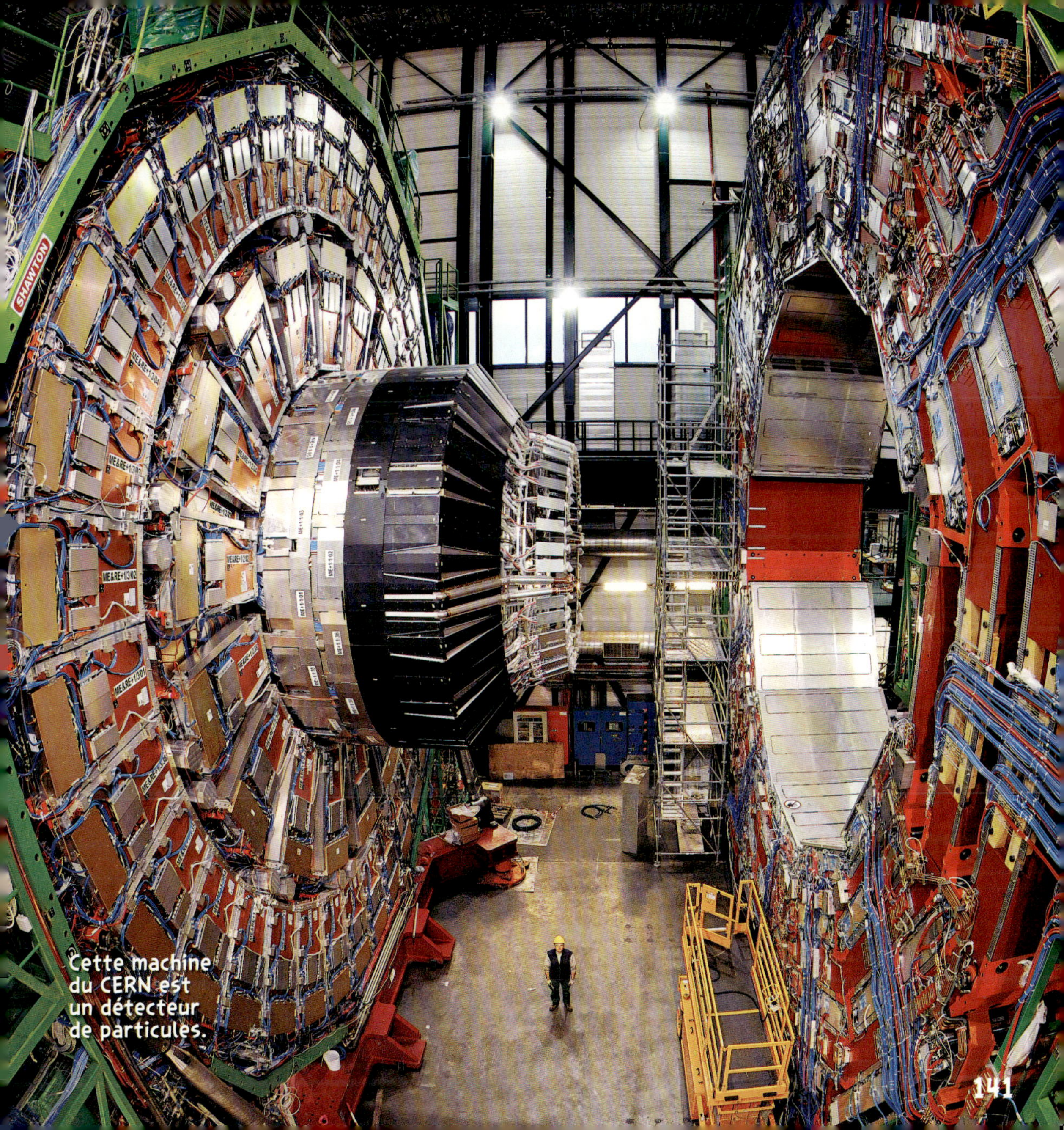

Cette machine du CERN est un détecteur de particules.

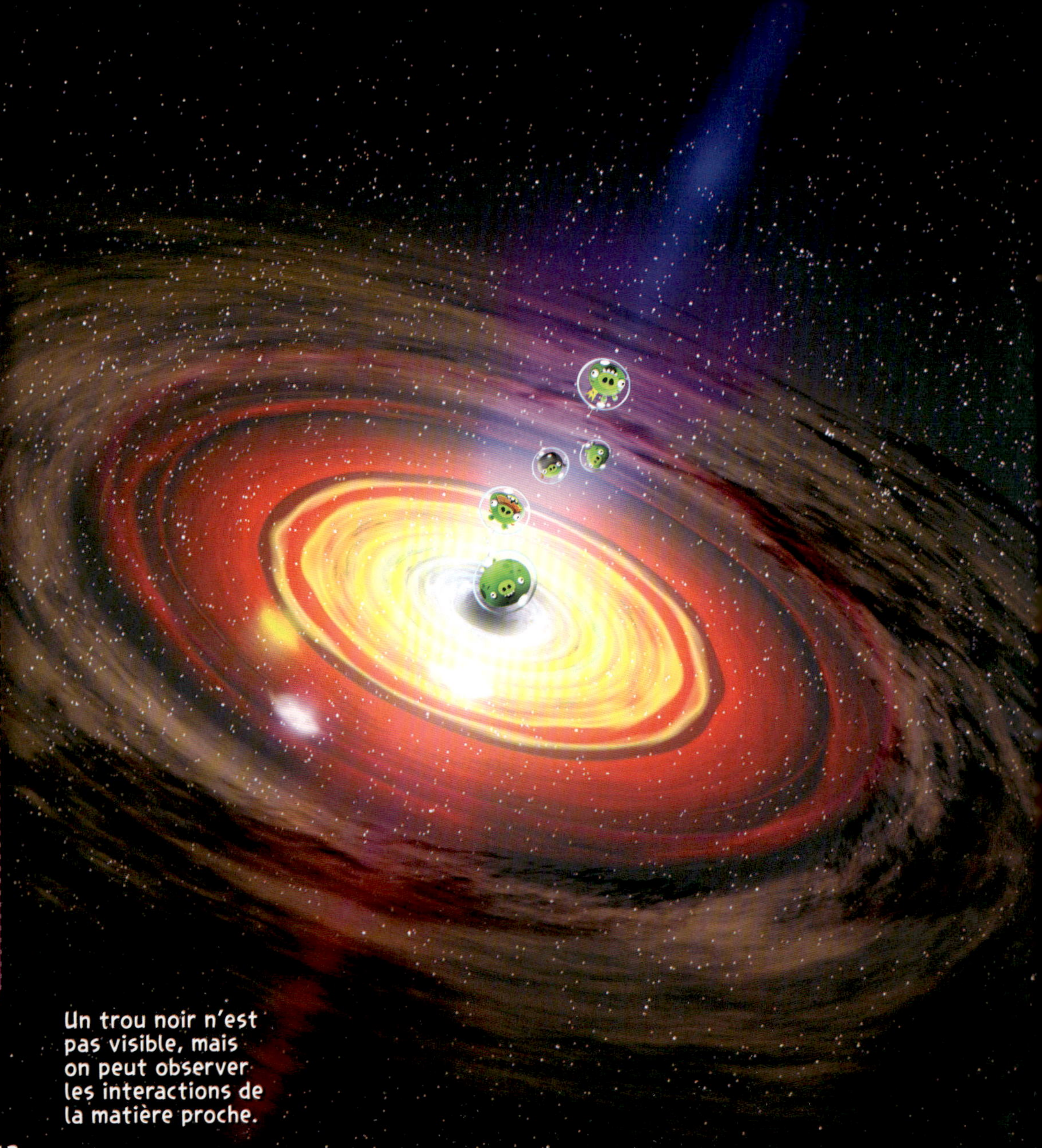

Un trou noir n'est pas visible, mais on peut observer les interactions de la matière proche.

LES TROUS NOIRS

Une étoile illustre bien la notion d'équilibre entre forces. Son énorme masse tend à provoquer un tassement sous l'effet de la pesanteur. Mais son cœur, très chaud à cause des réactions de fusion nucléaire qui s'y déroulent, exerce une pression opposée. Lorsque la fusion ralentit, l'équilibre se rompt : la pression ne compense plus la gravitation, l'étoile s'effondre sur elle-même et, dans certains cas, devient un trou noir.

EST-CE VRAIMENT UN TROU ET POURQUOI EST-IL NOIR ?

Il faut comprendre que, lorsque rien ne s'oppose à la force gravitationnelle, une immense étoile se contracte jusqu'à avoir la taille d'une petite ville. Cet astre minuscule a pourtant la masse d'une étoile et l'attraction gravitationnelle qu'il exerce est si forte que rien ne peut lui échapper, pas même la lumière. C'est pour cela qu'il apparaît noir. Ce n'est pourtant pas un trou, mais un objet d'une densité incroyable.

TRÈS PHYSIQUE

SI UN TROU NOIR AVAIT LA MASSE DU SOLEIL, IL NE FERAIT QUE 6,5 KM DE DIAMÈTRE.

LE CHAMP DE GRAVITATION D'UN TROU NOIR EST SI FORT QU'IL COURBE LE TRAJET DE LA LUMIÈRE.

IL EST PROBABLE QU'AU CENTRE DE NOTRE GALAXIE SE TROUVE UN TROU NOIR GÉANT.

SELON LE PHYSICIEN STEPHEN HAWKING, LES TROUS NOIRS DISPARAISSENT LENTEMENT.

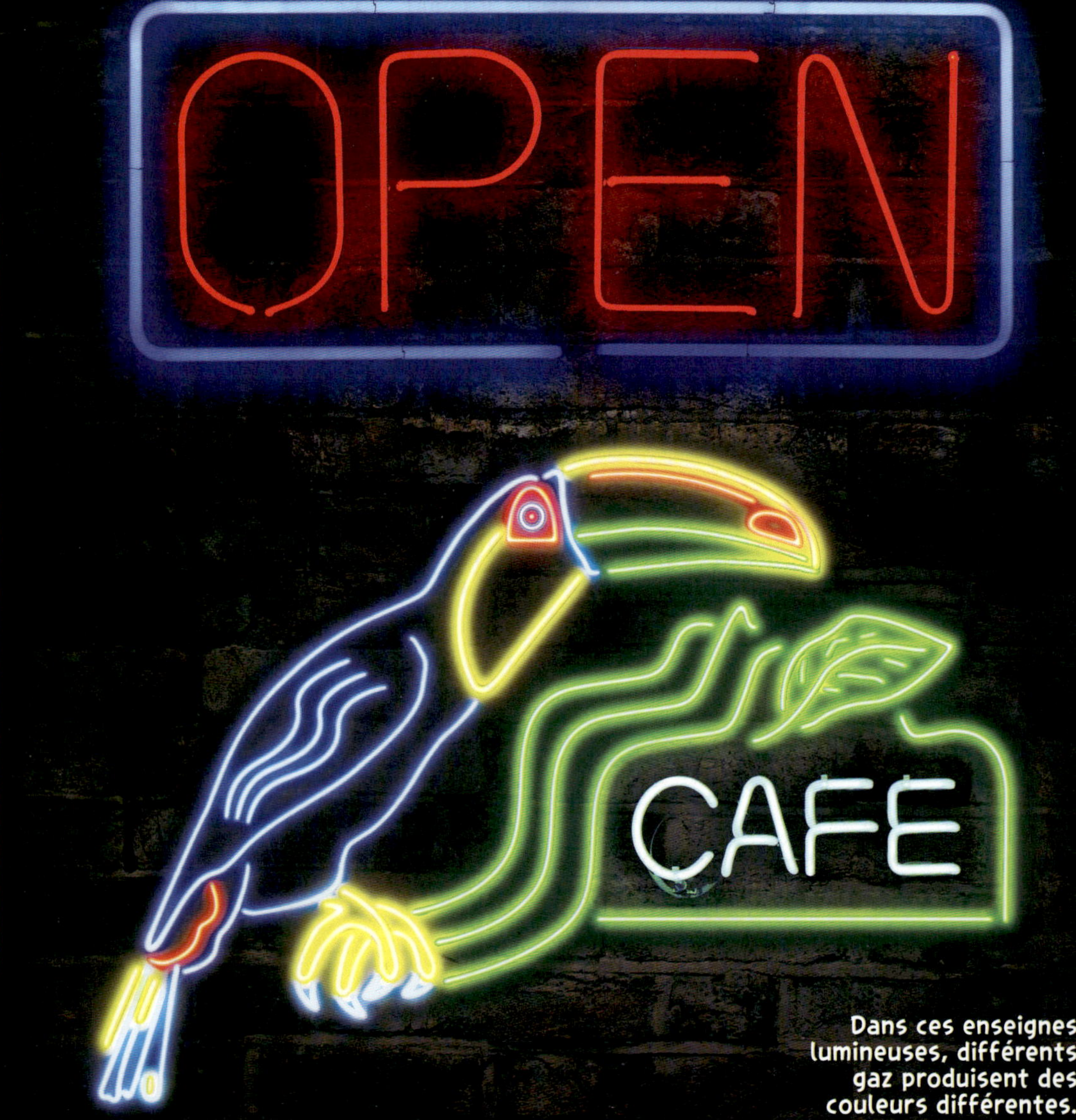

Dans ces enseignes lumineuses, différents gaz produisent des couleurs différentes.

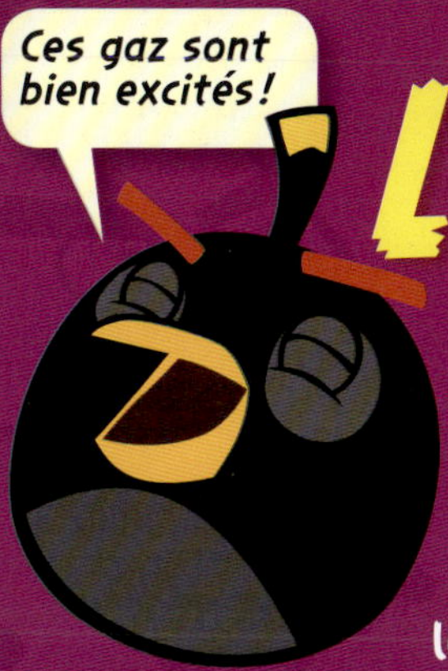

LUMIÈRE ET NIVEAUX D'ÉNERGIE

Les néons fonctionnent grâce à l'interaction entre les électrons du courant et un gaz – le néon ou un autre – stocké dans le tube. Les électrons excitent les atomes du gaz, qui produisent de la lumière en revenant à leur niveau normal d'énergie. La lumière est rouge lorsque ce gaz est du néon.

QUE SE PASSERAIT-IL SI VOUS EXCITIEZ UN AUTRE GAZ ?

Si vous remplacez le néon par de l'hélium, la couleur de la lumière émise sera jaune, car la disposition de leurs électrons n'est pas la même. Autour du noyau d'un atome, les électrons gravitent sur des orbites bien définies, correspondant chacune à un niveau d'énergie. Quand un électron est excité, il saute sur une nouvelle orbite. Quand il revient sur son orbite initiale, moins énergétique, il libère l'énergie excédentaire sous forme de lumière. À chaque niveau d'énergie correspond une couleur.

PHYSIQUE EN JEU

SELON LA COULEUR PRODUITE PAR DIFFÉRENTS CORPS CÉLESTES, NOUS POUVONS DÉTERMINER LES ATOMES QU'ILS CONTIENNENT. CELA PERMET D'EXPLORER LES ÉTOILES, MÊME TRÈS LOINTAINES.

LES RÉACTIONS NUCLÉAIRES

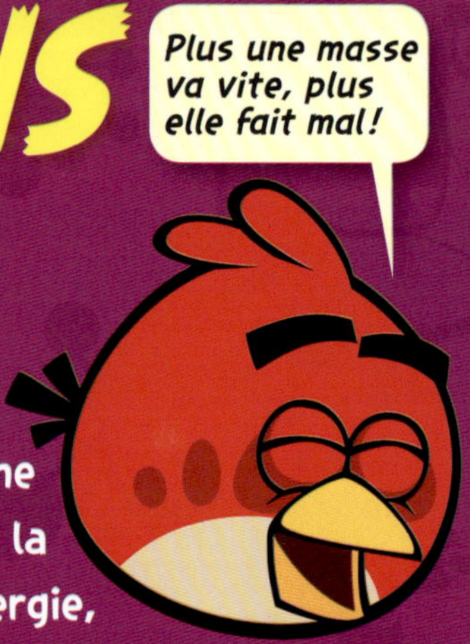

En 1905, Albert Einstein a suggéré qu'il existait une relation entre la masse et l'énergie. Il en a déduit la fameuse équation $E = mc^2$. Ici, E correspond à l'énergie, m à la masse de la matière et c à la vitesse de la lumière.

COMMENT CONVERTIR DE LA MASSE EN ÉNERGIE ?

On ne peut pas transformer un objet, par exemple une raquette de tennis, directement et intégralement en énergie. Cependant, on sait casser certains atomes, comme ceux d'uranium, pour créer de l'énergie. Si de tels atomes sont bombardés par des neutrons, ils peuvent se diviser en deux parties, mais dont la masse totale est plus faible que celle des atomes de départ. Où est passée la masse manquante? Elle a été transformée en énergie, ce qui vérifie bien l'équation d'Einstein. C'est ainsi que fonctionne un réacteur nucléaire : l'excès d'énergie est utilisé pour créer de la vapeur, qui fait tourner une turbine pour produire de l'électricité.

TRÈS PHYSIQUE

SI TOUTE LA MASSE ÉTAIT CONVERTIE EN ÉNERGIE DANS UN RÉACTEUR NUCLÉAIRE, AVEC 1 GRAMME IL FOURNIRAIT 3 MW D'ÉLECTRICITÉ, DE QUOI ÉCLAIRER TOUT UN QUARTIER, PENDANT UN AN!

QUAND UN NOYAU ATOMIQUE SE DIVISE, ON PARLE DE FISSION NUCLÉAIRE.

IL EST POSSIBLE D'OBTENIR DE L'ÉNERGIE EN COMBINANT DES PETITS ATOMES : C'EST LA FUSION NUCLÉAIRE.

LA PREMIÈRE CENTRALE NUCLÉAIRE A ÉTÉ MISE EN SERVICE EN 1951 AUX ÉTATS-UNIS.

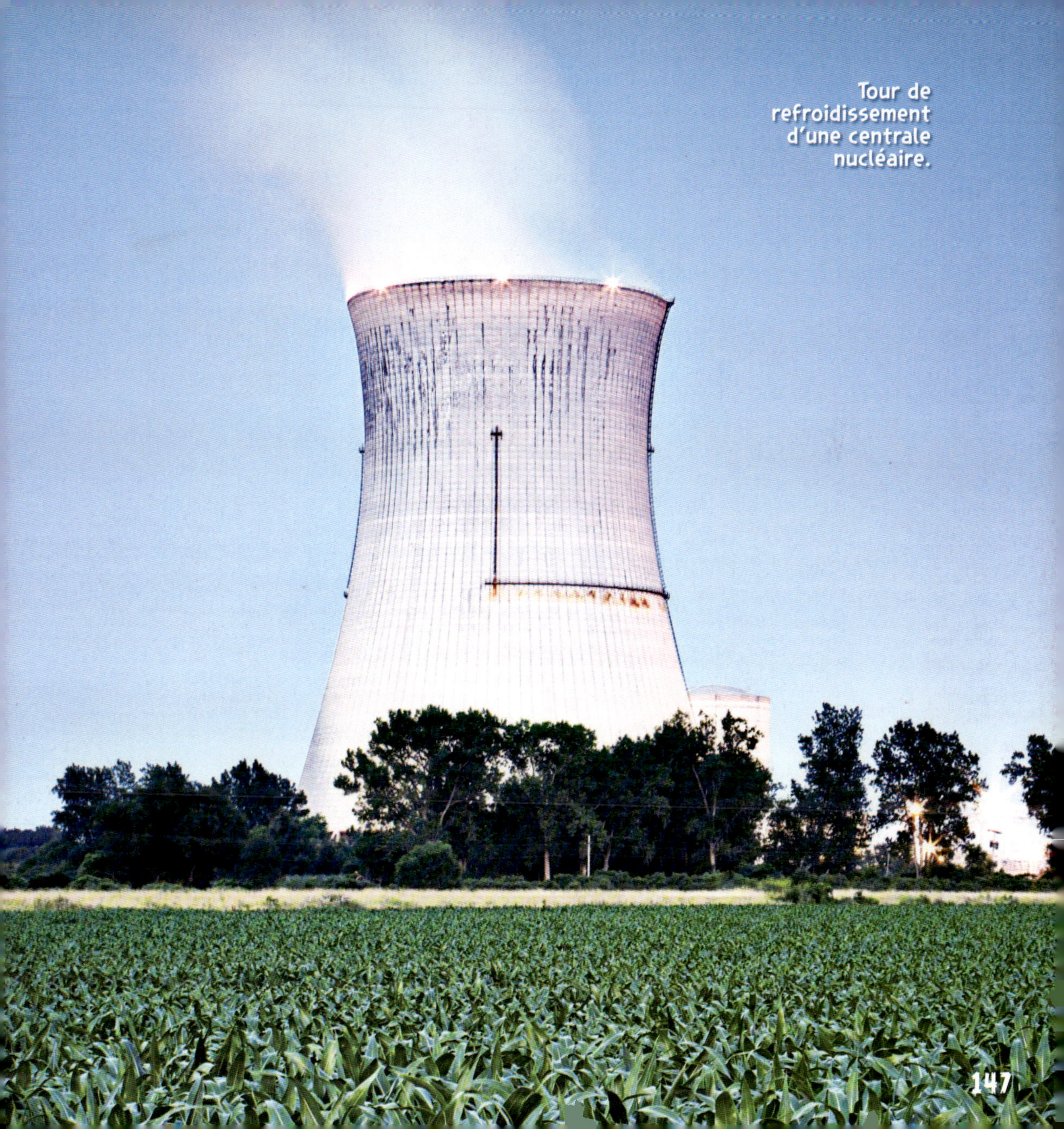

Tour de
refroidissement
d'une centrale
nucléaire.

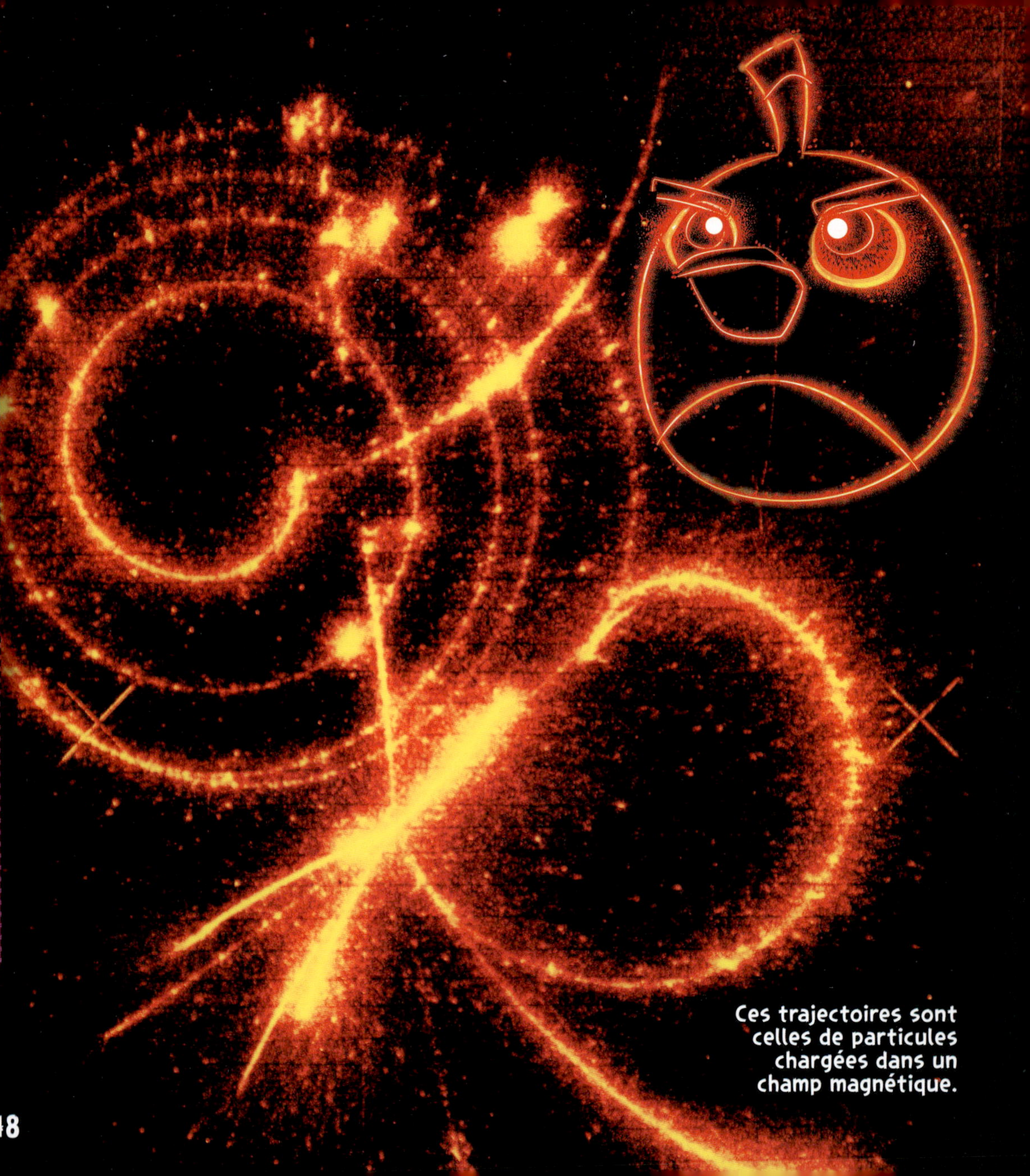

Ces trajectoires sont celles de particules chargées dans un champ magnétique.

L'ANTIMATIÈRE

Un électron est une particule chargée négativement. Il existe une autre particule qui lui ressemble en tout point, mais dont la charge est positive : le positron. Il s'agit d'antimatière. Comme l'électron avec le positron, chaque particule a son antiparticule, telle que l'antiproton et l'antineutron.

QU'ARRIVE-T-IL QUAND LA MATIÈRE RENCONTRE L'ANTIMATIÈRE ?

Lorsqu'un positron est proche d'un électron, ils sont attirés l'un vers l'autre en raison de leurs charges opposées. Mais dès qu'ils entrent en contact, ils se détruisent mutuellement en libérant une grande quantité d'énergie.

À l'origine de l'Univers, lors du Big Bang, la matière et l'antimatière furent créées en même temps. Mais aujourd'hui, autour de nous, presque tout est fait de matière et non d'antimatière. Que s'est-il donc passé? L'antimatière d'origine s'est anéantie au contact de la matière! Comme il existe toujours de la matière, cela signifie qu'à l'origine, il y en avait plus que d'antimatière.

TRÈS PHYSIQUE

EN 2010, LES ÉTATS-UNIS ONT CONSOMMÉ PLUS DE 27 000 TERAWATT/HEURE D'ÉNERGIE ÉLECTRIQUE.

SI TOUTE CETTE ÉNERGIE PROVENAIT DE L'ANNIHILATION D'ANTIMATIÈRE, ELLE EN AURAIT NÉCESSITÉ SEULEMENT 100 GRAMMES!

LA BANANE CONTIENT UN ÉLÉMENT RADIOACTIF : LE POTASSIUM 40, DONT LA DÉSINTÉGRATION PRODUIT PARFOIS UN POSITRON.

EN 2010, AU CERN, ON A COMBINÉ UN ANTIPROTON ET UN POSITRON POUR FORMER UN ATOME D'ANTI-HYDROGÈNE.

SOMBRES MYSTÈRES

Beaucoup de personnes pensent qu'on a quasiment répondu à toutes les questions importantes en physique. Mais ce n'est pas le cas! L'un des mystères les plus profonds vient de l'observation des galaxies, qui indique qu'il y a beaucoup plus de masse dans l'Univers que celle qu'on connaît. La masse invisible, de nature inconnue, est la matière noire, ou «sombre».

QU'EST-CE-QUE LA MATIÈRE NOIRE?

La matière noire serait cinq fois plus abondante que la matière ordinaire. Où une telle masse pourrait-elle se cacher? Des astrophysiciens ont imaginé qu'elle résidait dans des trous noirs ou des étoiles mortes. D'autres penchent plutôt pour l'existence de particules que le modèle standard n'a pas encore prises en compte. Ce modèle fournit pourtant la meilleure description actuelle de la matière et des interactions.

TRÈS PHYSIQUE

LE MODÈLE STANDARD INTÈGRE DOUZE PARTICULES ÉLÉMENTAIRES ET QUATRE INTERACTIONS FONDAMENTALES.

CERTAINES PARTICULES ONT DE DRÔLES DE NOMS, COMME LE MUON ET LE QUARK CHARME.

UNE MYSTÉRIEUSE ÉNERGIE SOMBRE ACCÉLÉRERAIT L'EXPANSION DE L'UNIVERS.

LA MATIÈRE NOIRE REPRÉSENTE 23% DE L'UNIVERS OBSERVABLE.

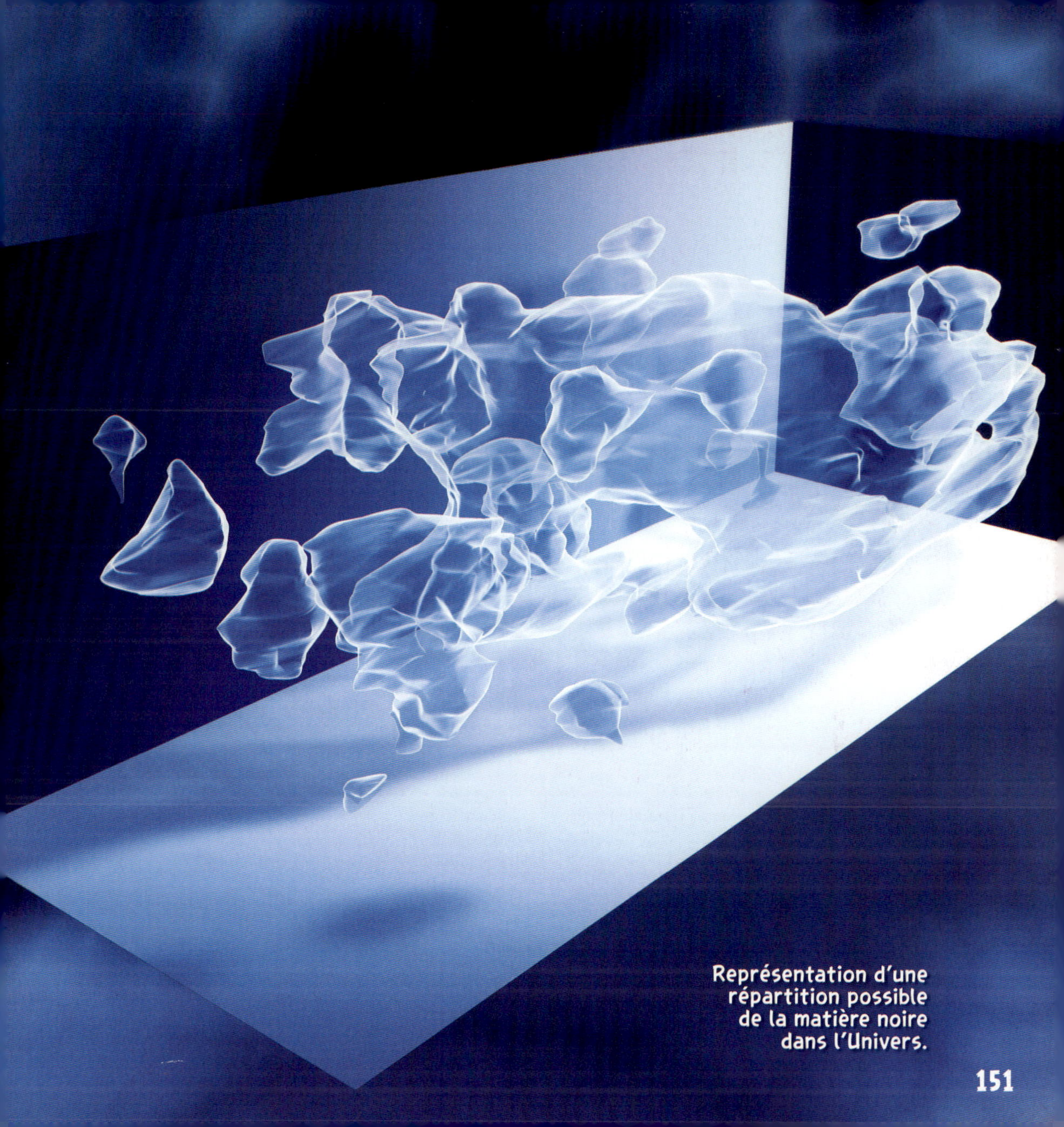

Représentation d'une
répartition possible
de la matière noire
dans l'Univers.

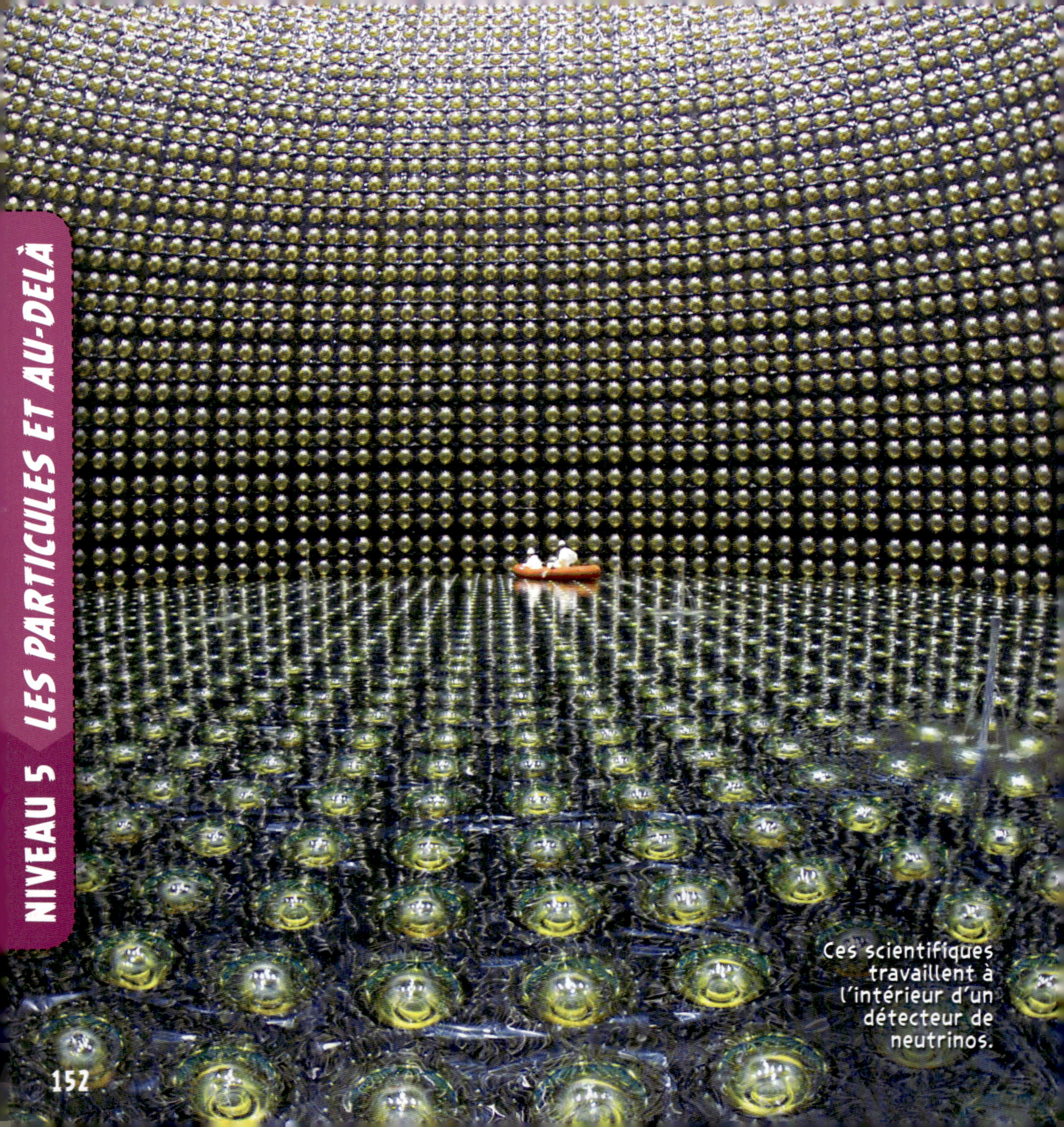

Ces scientifiques travaillent à l'intérieur d'un détecteur de neutrinos.

LES NEUTRINOS

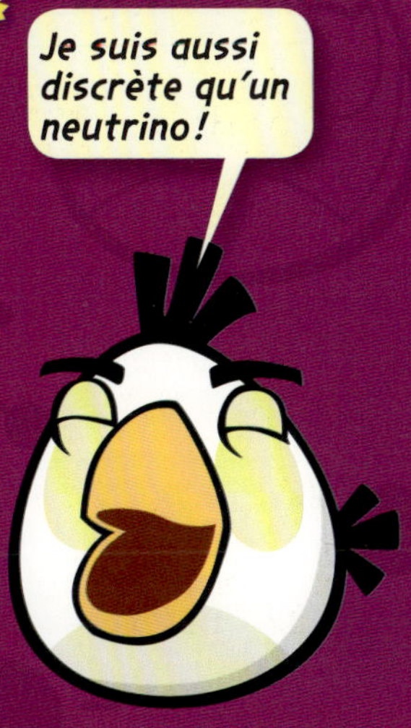

Comparés aux autres particules, même les électrons, les neutrinos ont une masse extrêmement faible. Ils n'ont pas de charge électrique. Tout cela les rend très difficiles à attraper ! Les détecteurs de neutrinos sont construits sous terre, bien à l'abri des rayons cosmiques et d'autres radiations pouvant fausser les mesures. Ils ressemblent à de grandes piscines, garnies de détecteurs de lumière. Lorsqu'un neutrino traverse leur eau, il émet un petit flash lumineux, capté par les détecteurs.

POURQUOI S'INTÉRESSE-T-ON AUX NEUTRINOS ?

Comment observer ce qui se passe à l'intérieur du Soleil ? Impossible d'y envoyer une sonde spatiale car elle serait fondue avant d'approcher. On est donc obligé de faire les observations à distance, en étudiant toutes les radiations et particules émises par le Soleil. L'analyse des neutrinos solaires est un très bon moyen de mieux comprendre comment fonctionne notre étoile.

TRÈS PHYSIQUE

BEAUCOUP DE NEUTRINOS SONT PRODUITS DANS LE SOLEIL PAR LA FUSION NUCLÉAIRE.

EN UNE SECONDE, 400 MILLIARDS DE NEUTRINOS TRAVERSENT CHAQUE CENTIMÈTRE CARRÉ DE LA TERRE !

SUPER-KAMIOKANDE EST UN OBSERVATOIRE DE NEUTRINOS JAPONAIS À 1000 MÈTRES DE PROFONDEUR.

SUPER-KAMIOKANDE A 11 000 CAPTEURS LUMINEUX DANS 50 000 TONNES D'EAU.

UNE VITESSE PROCHE

Dans le Grand collisionneur du CERN, un proton peut atteindre 99,999991% de la vitesse de la lumière. Ne peut-on pas le faire aller plus vite ? Non, parce qu'il faudrait beaucoup plus d'énergie pour augmenter légèrement sa vitesse. Par ailleurs, en théorie, une particule ne peut pas aller aussi vite que la lumière.

COMMENT AUGMENTER LA VITESSE DES PARTICULES ?

L'énergie cinétique est proportionnelle au carré de la vitesse. Cela signifie qu'il faut fournir quatre fois plus d'énergie à un corps pour doubler sa vitesse. C'est déjà considérable mais, pour une particule déjà accélérée, il faut en apporter davantage encore. On comprend donc qu'atteindre une vitesse proche de celle de la lumière nécessite des quantités astronomiques d'énergie ! Le Grand collisionneur consomme chaque année près de 800 000 MWh, autant qu'une ville de 70 000 habitants.

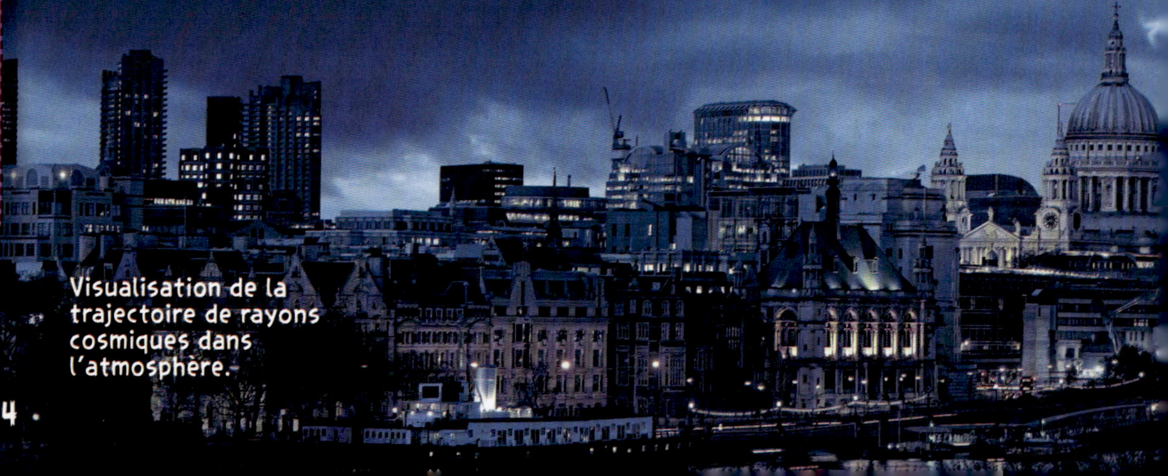

Visualisation de la trajectoire de rayons cosmiques dans l'atmosphère.

DE CELLE DE LA LUMIÈRE

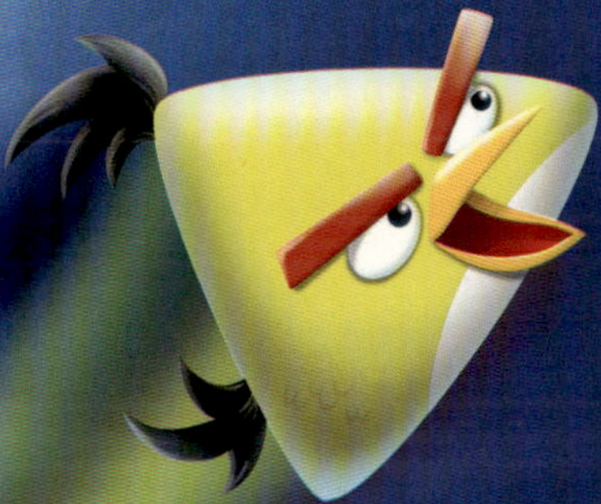

TRÈS PHYSIQUE

LA LUMIÈRE DU SOLEIL MET HUIT MINUTES POUR ARRIVER SUR TERRE.

EN 1638, GALILÉE A TENTÉ DE MESURER LA VITESSE DE LA LUMIÈRE, SANS Y PARVENIR.

À LEUR VITESSE MAXIMALE, LES PROTONS DU LHC FONT 11000 FOIS LE TOUR DE LA BOUCLE DE 27 KILOMÈTRES EN UNE SEULE SECONDE.

GLOSSAIRE

Accélération augmentation de la vitesse, exprimée en m/s^2.

Année-lumière distance parcourue par la lumière dans le vide en un an, soit environ 9 500 milliards de kilomètres.

Annihilation réaction au cours de laquelle une particule et son antiparticule (par exemple, un électron et un positron) entrent en collision et disparaissent, générant de l'énergie.

Antimatière ensemble des antiparticules, ayant la même masse que les particules équivalentes de matière, mais de charge électrique opposée.

Antiproton antiparticule du proton, de même masse mais chargée négativement.

Atome plus petite unité de matière présentant les propriétés de son élément.

Aurore polaire phénomène lumineux visible la nuit dans le ciel des régions polaires.

CERN Centre européen pour la recherche nucléaire qui a inauguré en 2008 le Grand collisionneur de hadrons.

Champ zone entourant un objet dans laquelle s'exerce une force (gravitationnelle, électrique, magnétique, etc).

Charge fondamentale plus petite charge électrique, équivalente à celle d'un proton ou d'un électron.

Décalage vers le rouge ; vers le bleu changement de couleur d'une source lumineuse qui s'éloigne (décalage vers le rouge) ou se rapproche (décalage vers le bleu) à grande vitesse.

Écholocalisation moyen de localiser les obstacles et les proies, et de s'orienter, par l'émission de sons et analyse de leurs échos, utilisé notamment par les dauphins et les chauves-souris.

Effet Doppler décalage de fréquence des ondes émises par un objet (lumière ou son, par exemple) qui s'approche ou s'éloigne.

Électricité statique situation dans laquelle les charges électriques d'un objet sont stationnaires.

Énergie cinétique énergie d'un objet en mouvement.

Énergie grandeur qui exprime la capacité d'un système à fournir un travail, telle que le mouvement (énergie cinétique), la chaleur (énergie thermique) ou le potentiel de transformation en énergie cinétique (énergie potentielle).

Énergie potentielle gravitationnelle énergie associée à la position d'un objet dans un champ gravitationnel.

Énergie thermique forme d'énergie transférée d'un objet à l'autre sous forme de chaleur.

Évaporation passage d'une substance, par exemple de l'eau, d'une forme liquide à une forme gazeuse.

Expansion thermique augmentation de la taille d'un objet à mesure que sa température augmente.

Force influence s'exerçant sur un objet et qui produit un changement dans son mouvement.

Force nucléaire forte interaction attractive entre hadrons au sein du noyau des atomes.

Friction résistance créée par le frottement de deux corps l'un contre l'autre.

Galaxie ensemble d'étoiles qui gravitent autour d'un centre commun.

Grand collisionneur de hadrons accélérateur de particules du CERN.

Gravité force d'attraction entre des objets qui ont une masse.

Hadron particule telle que le proton et le neutron, siège de l'interaction forte.

Imagerie par résonance magnétique (IRM) technique médicale fournissant des images précises (2D ou 3D) de l'intérieur du corps.

Infrarouge rayonnement de longueur d'onde plus grande que la lumière visible.

Isolant matériau qui empêche la circulation du courant électrique ou de l'énergie thermique.

Joule unité de mesure de l'énergie.

Longueur d'onde distance entre le sommet d'une vague formée par l'onde et celui de la suivante.

Matière noire matière hypothétique dans l'Univers, ayant une influence sur le mouvement des galaxies.

Matière tout ce qui a une masse et occupe de l'espace. Les objets physiques sont faits de matière, elle-même composée d'atomes.

Modèle standard théorie globale des interactions entre les particules fondamentales, qui gouvernent celles de la matière observable.

Molécule association d'atomes formant la plus simple unité d'un composé chimique.

Mouvement circulaire mouvement au cours duquel un objet change de direction de façon régulière.

Neutrino particule fondamentale de masse très faible et dépourvue de charge électrique.

Neutron particule de même masse qu'un proton mais sans charge électrique.

Newton unité de mesure de la force.

Noyau cœur d'un atome, dans lequel se regroupent les protons et les neutrons.

Onde stationnaire onde résultant du déplacement simultané de plusieurs ondes, ou d'une onde réfléchie interagissant avec elle-même.

Oscillation mouvement répétitif, de va-et-vient.

Plasma état de la matière, différent des états solide, liquide et gazeux, et le plus répandu dans l'Univers.

Polarisation séparation des charges électriques au sein d'un objet neutre, lui permettant d'interagir avec d'autres charges.

Positron antiparticule de l'électron.

Pression force qui diminue ou augmente proportionnellement à la surface sur laquelle elle s'applique.

Proton hadron ayant une charge électrique positive.

Réaction nucléaire réaction qui transforme un atome.

Relativité principe selon lequel toutes les notions de la physique fondamentale dépendent du mouvement de l'observateur.

Super-Kamiokande observatoire de neutrinos au Japon.

Supraconducteur matériau permettant au courant électrique de circuler sans résistance, à très basse température.

Température mesure de l'énergie cinétique moyenne des particules d'un objet.

Trajectoire chemin suivi par un objet en mouvement.

Trou noir corps céleste extrêmement dense, dont la force gravitationnelle est assez grande pour retenir la lumière.

Vecteur variable ayant plus d'une dimension. Les vecteurs ont souvent deux ou trois dimensions.

Vent solaire flux de particules chargées en provenance du Soleil.

Vitesse pour un objet en mouvement, distance parcourue divisée par le temps.

Vitesse terminale vitesse maximale qu'un objet atteint en tombant, du fait de la résistance de l'air.

À propos de l'auteur

Rhett Allain, qui a passé la majeure partie de son enfance dans l'Illinois, aux États-Unis, aimait construire des objets et surtout les démonter, même s'il n'était pas toujours capable de les réassembler ensuite. Il a étudié la physique à l'université de l'Alabama et à celle de l'État de Caroline du Nord.

Il est actuellement bloggeur pour Wired Science Blogs et professeur de physique. Il vit avec sa femme et ses enfants en Louisiane, et aime se rendre au travail à vélo.

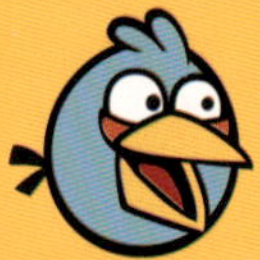

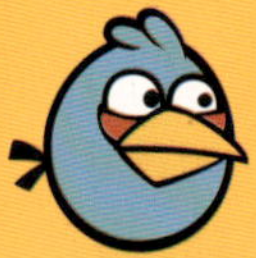

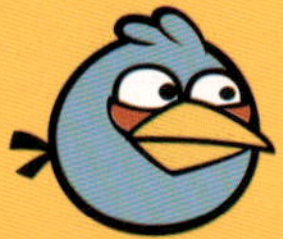

Remerciements

Nous remercions toute l'équipe qui a travaillé très dur sur ce projet. C'est grâce à elle que nous avons pu fournir rapidement un résultat de qualité.

Rovio

Sanna Lukander, Pekka Laine, Jan Schulte-Tigges, Mari Elomäki, et Anna Makkonen

National Geographic

Bridget A. English, Jonathan Halling, Susan Blair, Dan Sipple, Galen Young, Judith Klein, Anna Zusman, Lisa A. Walker, Anne Smyth, et Andrea Wollitz

CERN

Rolf Landua

Crédits iconographiques

Couverture, OHiShiapply/Shutterstock; quatrième de couverture, Mexrix/Shutterstock; 4 (bordures jaunes et noires), Roobcio/Shutterstock; 5 (sur fond de papier millimétré), naihei/Shutterstock; 6 (mur et porte), Peshkova/Shutterstock; 6 (porte en arrière-plan), Zurijeta/Shutterstock; 8-9, www.wendysmithaerial.com; 14-15, EvrenKalinbacak/Shutterstock.com; 17 (joueur de base-ball), Aspen Photo/Shutterstock.com; 17 (base-ball), Alex Staroseltsev/Shutterstock; 18-19, TIMOTHY A. CLARY/AFP/Getty Images; 21 (femme), AlenD/Shutterstock; 21 (verre), kubais/Shutterstock; 22 (feu à l'arrière-plan), oldmonk/Shutterstock; 23 (tableau noir sur mur en bois), Tischenko Irina/Shutterstock; 23 (encadré), IhorZigor/Shutterstock; 23 (photo encadrée d'Isaac Newton), Bettmann/Corbis; 25, Joggie Botma/Shutterstock; 27, marcovarro/Shutterstock; 29 (arrière-plan), Mark Smith/Shutterstock; 29 (fusée), Lightspring/Shutterstock; 29 (femme), HomeArt/Shutterstock; 29 (chevelure féminine), Wally Stemberger/Shutterstock; 30 (sur fond bleu), Henry Hazboun/Shutterstock; 31 (tableau noir sur mur en bois), Tischenko Irina/Shutterstock; 31 (encadré) LiliGraphie/Shutterstock; 31 (Galilée) Georgios Kollidas/Shutterstock; 33, NASA; 34-35, Racheal Grazias/Shutterstock; 35 (wagon-voiture verte), Kolopach/Shutterstock; 37, Olga Bogatyrenko/Shutterstock; 38-39, Maxell Corporation of America/Manhattan Marketing Ensemble; 40 (ressort) d'après Valdis Torms/Shutterstock; 42 (diapason) d'après Bayberry/Shutterstock; 43 (usines) d'après Anthonycz/Shutterstock; 45, Dmitry Berkut/Shutterstock.com; 46-47, AP Photo/The Canadian Press, Jim Bradford; 48, Apatsara/Shutterstock; 51 (tableau noir sur mur en bois), Tischenko Irina/Shutterstock; 51 (dessin encadré), prosotphoto/Shutterstock; 51 (Chuck Yeager), U.S. Air Force/The U.S. National Archives and Records Administration, 542345; 52, Flip Nicklin/Minden Pictures/ National Geographic Stock; 54-55, Imagemore Co., Ltd./Corbis; 59, Ted Kinsman/Science Source; 60 (toile en arrière-plan), Fancy Studio/Shutterstock; 61 (tableau noir sur mur en bois), Tischenko Irina/Shutterstock; 61 (dessin encadré), Baloncici/iStockphoto; 61 (Alhazen), Wollertz/Shutterstock; 62, Mopic/Shutterstock; 64-65, Rutuparna Rayate/National Geographic My Shot; 67, Winfried Wisniewski/Foto Natura/National Geographic Stock; 68-69 (montgolfières) Jill Fromer/iStockphoto.com; 69 (ballon de Red Angry Bird), d'après Brandon Bourdages/Shutterstock.com; 70 (atome), d'après Anastasia Sonne/Shutterstock; 72 (thermomètre), d'après Gravitybox/iStockphoto; 74, Gunnar Pippel/Shutterstock; 77, Borge Ousland/National Geographic Stock; 78, Steven Bullen (www.raymears.com); 81, Mark Thiessen, NGS; 82, d'après un dessin original/Shutterstock; 83 (tableau noir sur mur de bois), Tischenko Irina/Shutterstock; 83 (encadré), Roobcio/Shutterstock; 83 (Alfred Nobel), www.imagebank.sweden.se, Gösta Florman/The Royal Library; 84-85 (boule plasma), Steve Allen/Brand X Pictures/Getty Images; 84-85 (arrière-plan), STILLFX/Shutterstock; 87 (cornet de glace), Picsfive/Shutterstock; 87 (trottoir à l'arrière-plan), Vincent Dale/iStockphoto; 88, Bob Thomas/iStockphoto; 91, Bruce & Greg Dale/National Geographic Stock; 92 (arrière-plan bleu), argus/Shutterstock; 93 (tableau noir sur mur de bois), Tischenko Irina/Shutterstock; 93 (dessin encadré), Maly Designer/Shutterstock; 93 (Nicolas Carnot), Photo Researchers/couleurs par Jessica Wilson; 94-95, Frans Lanting/National Geographic Stock; 97, Lawrence Manning/Corbis; 98-99, subtik/iStockphoto; 100 (la Terre comme un aimant), d'après Snowbelle/Shutterstock; 102 (ampoule), d'après Stock Elements/Shutterstock; 102 (batterie), d'après beboy/Shutterstock; 103 (aimant), d'après Unkreativ/Shutterstock; 104, Roger Ressmeyer/ Corbis; 107, Beneda Miroslav/Shutterstock; 109 (tableau noir sur mur de bois), Tischenko Irina/Shutterstock; 109 (encadré), Ortodox/Shutterstock; 109 (Michael Faraday), Georgios Kollidas/Shutterstock; 111, Ethan Daniels/Shutterstock; 112 (image principale), BanksPhotos/iStockphoto; 112 (oiseaux perchés en hauteur), d'après Kamenetskiy Konstantin/Shutterstock; 115 (photo principale), Dave Reede/All Canada Photos/Corbis; 115 (signe), irin-k/Shutterstock; 116, Nata-Lia/Shutterstock; 118-119, Lijuan Guo/Shutterstock; 120 (arrière-plan), Eliks/Shutterstock; 121 (tableau noir sur mur en bois), Tischenko Irina/Shutterstock; 121 (dessin encadré), Bennyartist/Shutterstock; 121 (Birkeland), Mondadori via Getty Images; 121 (éruption solaire), NASA/SDO/AIA; 121 (bout de scotch sur un papier), Picsfive/Shutterstock; 122, Nikada/iStockphoto.com; 124, granat/Shutterstock; 126-127, Teresa Levite/Shutterstock; 128-129 (galaxie d'Andromède), Adam Evans/sky-candy.ca; 128 (vaisseau spatial), voyager 624/Shutterstock; 130 (Einstein), d'après Bettmann/Corbis; 130 (plume), d'après Potapov Alexander/Shutterstock; 134, Voie lactée par Ken Eward et cartes du National Geographic; 137, NASA/WMAP Science Team; 138, NASA/ESA/National Geographic Image Collection; 141, Source : CERN; 142, NASA/Dana Berry; 144 (panneau "OPEN" sur fond de mur de brique), antoniomas/Shutterstock; 144 (toucan), Valerie Loiseleux/iStockphoto; 144 (panneau Café), d'après Chad Littlejohn/Shutterstock; 147, Owaki/Kulla/Corbis; 148, Source : CERN; 151, NASA, ESA et R. Massey (Institut de Technologie de Californie); 152, Photo du super détecteur de Kamiokande, Institute for Cosmic Ray Research, université de Tokyo; 154-155 (photo principale) Rebecca Pitt, pour l'exposition À la découverte des particules (université de Birmingham et université de Cambridge); 154-155 (fond de ciel nuageux), pio3/Shutterstock.

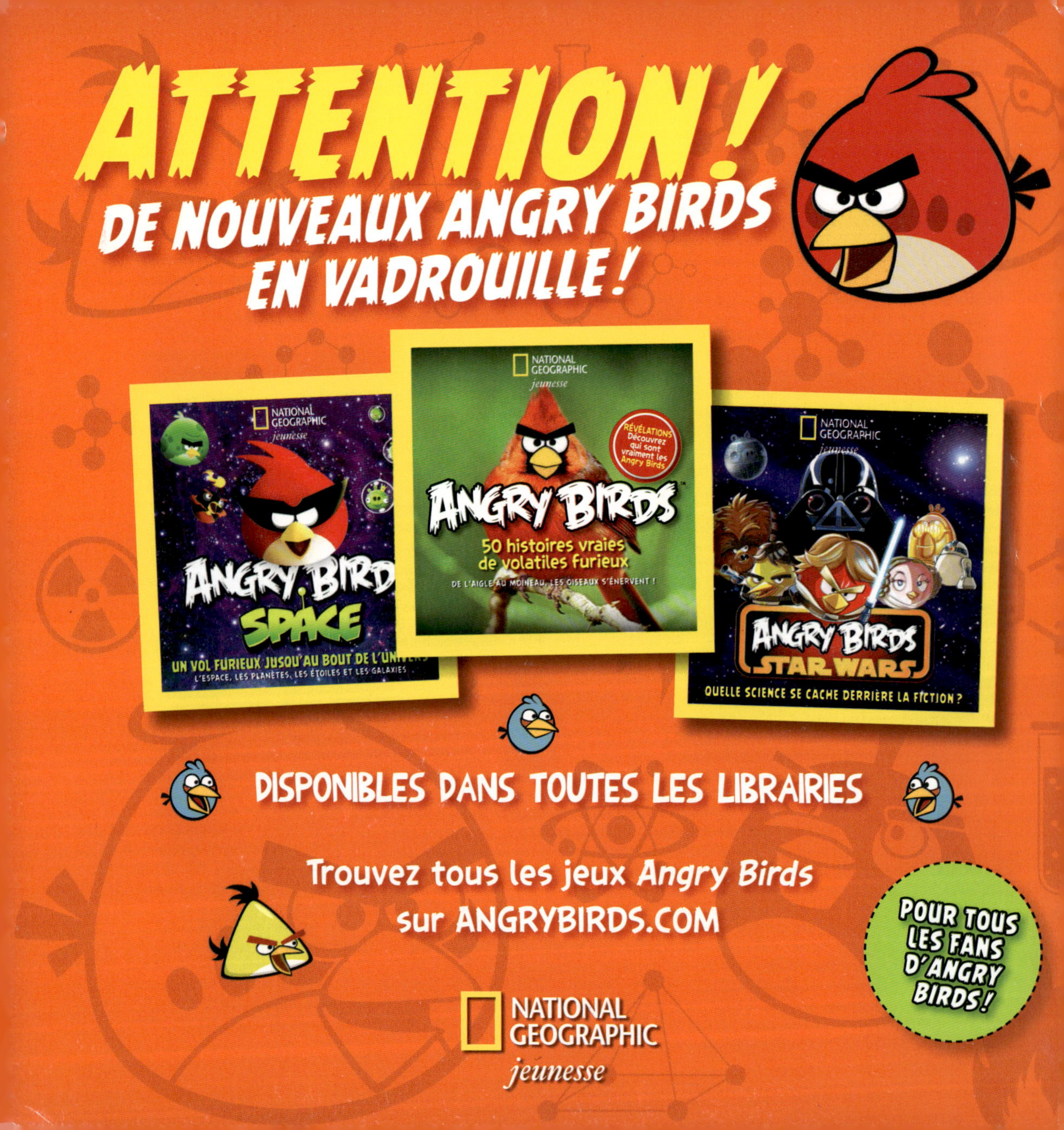
ATTENTION !
DE NOUVEAUX ANGRY BIRDS
EN VADROUILLE !
NATIONAL GEOGRAPHIC jeunesse
ANGRY BIRDS SPACE
UN VOL FURIEUX JUSQU'AU BOUT DE L'UNIVERS
L'ESPACE, LES PLANÈTES, LES ÉTOILES ET LES GALAXIES
NATIONAL GEOGRAPHIC jeunesse
RÉVÉLATIONS Découvrez qui sont vraiment les Angry Birds
ANGRY BIRDS
50 histoires vraies de volatiles furieux
DE L'AIGLE AU MOINEAU, LES OISEAUX S'ÉNERVENT !
NATIONAL GEOGRAPHIC jeunesse
ANGRY BIRDS STAR WARS
QUELLE SCIENCE SE CACHE DERRIÈRE LA FICTION ?
DISPONIBLES DANS TOUTES LES LIBRAIRIES
Trouvez tous les jeux Angry Birds
sur ANGRYBIRDS.COM
POUR TOUS LES FANS D'ANGRY BIRDS !
NATIONAL GEOGRAPHIC
jeunesse